극장에는 항상
상훈이 형이 있다

극장에는 항상
상훈이 형이 있다

한상훈

불란서책방

극장에는 항상
상훈이 형이 있다

1판 1쇄   2025.07.07
지은이   한상훈
펴낸곳   불란서책방
편집   김영신
출판등록   제2019-000015호
전자우편   bookfest@naver.com

ISBN   979-11-988700-7-0(03680)

나의 사랑하는 영화에게

이 글은 영화에 대한 찬사가 아니다. 영화를 매개로 존재를 성찰하고, 상처를 해석하며, 삶을 재구성하려는, 내가 아는 아주 멋진 영화 청년의 고요하고 치열한 사유의 기록이다.

불우했던 부모와의 관계를 거장들의 작품들과 교차시켜, 개인의 서사를 영화적 진심으로 저자의 삶 속 깊은 곳까지 데리고 들어간다. 그의 문장은 단지 감상을 넘어서, 존재의 고통을 예술로 매만지는 치유의 행위다.

무엇이 영화로 하여금 삶의 이정표가 되게 하는가? 무엇이 기억을 아름답게, 혹은 참담하게 재구성하는가?

이 글은 그 물음에 대한 깊은 사색이자, 응답이다. 예술이 단순한 위안에 그치지 않고, 삶의 진실에 도달할 수 있는 통로가 될 수 있음을 증명하는 빼어난 텍스트는, 감상과 철학, 고백과 비평의 경계를 유려하게 넘나들지만, 그의 영화에 대한 아픈 진심이 글을 읽는 내내, 그리고 마지막 페이지를 닫으면서도 오랫동안 진한 여운으로 남을 것이다.

New Jersey에서.
김용만 · 킴스 비디오 대표

영화를 미치도록 사랑한 한 인간의 고백이 이 책 안에 있다. 영화를 어떻게 사랑해야 하는지 방법을 몰라 열병을 앓고 응답 없는 신호에 낙담하고 영화와 현실을 구분 못 한다는 주변과의 불화에 홀로 갈 곳 몰라 우두커니 멈춰서기도 했지만, 그때마다 영화로 받은 상처를 사랑으로 갚아줬다. 그렇게 영화를 붙들고 버텨낸 그의 이야기는, 영화로부터 구원받고자 했던 절박한 사랑이 문장마다 묻어난다.

이 책은 영화에 대한 해석이 아니라, 삶을 견디기 위해 영화를 선택한 한 인간의 진심 어린 기록이다. 이 절절한 고백은 때로는 삶보다 더 진실했던 영화들에 바치는 아름다운 헌사이자, 아직 영화로 위로받고 싶은 모든 이들에게 보내는 따뜻한 연서다. 극장에 가면 항상 상훈이 형이 있었다. 그는 그런 식으로 영화를 사랑했다. 이것 말고 영화를 사랑하는 더 좋은 방법이 있을까?

김지운·영화감독

"시선님, 책은 너무 잘 읽었어요. 특히, 상훈이 형 파트를 읽으면서 무언가를 그냥 좋아해도 되는구나, 힘이 났어요. 근데, 상훈이 형은 실존 인물이죠?" 거짓말 같겠지만, 자주 듣는 질문 중 하나다. 하긴, 영화가 있는 곳엔 항상 그 형이 있는 걸 보다 보니 발 없는 유령 같기도 하다. 이 책엔 이름만 들어도 설레는 감독들이 대거 출연한다. 홍상수, 나루세 미키오, 존 포드. 무엇보다 그 앞에서 웃으며 서 있는 상훈이 형의 얼굴이 상상되는 신기한 글이다. 어디서도 읽은 적 없는, 영화를 향한 고백과 질문 그리고 사랑이 가득하다. 읽을수록 내 삶에 느낌표를 던지는 신비로운 글이다. 그래서일까? 읽는 내내 설렌다. 유령이 어느새 되살아났다. 이제 그런 사람이 진짜 있냐는, 그 질문에, 답해도 될 것 같다. 극장에 사는 살아있는 유령은 존재한다. 극장에는 진짜 상훈이 형이 있다.

김시선·영화 유튜버

영화를 사랑하는 사람은 많습니다. 하지만 그 사랑 하나로 자신의 삶 전체를 거는 사람은, 많지 않습니다. 이 책의 저자 한상훈은, 그 드문 사람 중 한 명입니다. 그는 날마다 극장으로 향했습니다. 비가 오든, 눈이 오든, 일이 있든 없든. 상훈이 형에게 극장은 직장이 아니라, 집이었습니다. 살아가는 이유였고, 버텨내는 방식이었습니다. 그가 남긴 글에는 멋진 미사여구가 없습니다. 때로는 너무 솔직하고, 때로는 벅차게 무너집니다. 하지만 그 진심만은, 어느 거장의 수상소감보다 깊고 단단하게 다가옵니다. 그는 스크린 속 땀과 고통을 자신의 삶에 포개어 읽었고, 그렇게 체화된 고통과 숨결은 그의 문장 속에 차분히 각인되어 있습니다. "영화가 삶을 바꿨다"는 익숙한 말보다, "삶이 끝까지 영화를 놓지 않았다"는 문장이 더 어울리는 사람. 그 증거가, 바로 이 책에 담겨 있습니다.

극장이 사라질지라도, 그 극장에 앉았던 누군가의 마음은 남습니다. 그리고 그 마음 하나가, 지금 당신 손에 들린 이 책 속에 고스란히 살아 있습니다.

박정범 · 영화감독

차례

'영화'라는 유령에 홀린 한 남자의 이야기

어린 시절 나는 사랑받는 아이였던 걸로 기억한다. 크리스마스 파티에서 노래를 불렀을 땐 환호도 받았었고 초등학교 반에서도 나를 싫어하는 아이들은 거의 없었다. 이성 친구의 생일 파티에 초대받아 친구들로부터 시샘을 받은 적도 있다. 천안에 있던 별장에서 외가 친척들과 즐겁게 놀던 시절은 '낙원'이라는 말을 쓰고 싶을 정도로 행복했다. 행복했던 시절에도 한편으로는 외로움을 느끼고 고립감을 느끼기도 했으나 심각한 수준은 아니었다.

어느덧 세월이 흘러 낙원의 시절은 사라지고 내가 '실낙원'이라 부르는 시기가 도래했다. 그 시기가 도래하자 나는 이상하게도 사람들과 멀어지기 시작했다. 친하게 지냈던 남녀 친구들과도 소통하기 힘들어졌고 스스로 점점 고립되어갔다. 그들과의 사이에서 특별히 어떤 사건이 있었던 것도 아니었기 때문에 나는 도무지 사람들과 소통이 힘들어진 이유를 찾을 수 없었다. 애초에 사랑을 받았던 기억이 없었다면 타인과의 관계에 매달릴 일이 없었을지도 모른다. 그런데 '낙원' 시절의 기억이 나를 슬프게 했다. 그래서 나는 맹렬하게 내 방식으로 다시 사람들과의 소통을 시도했다. 그러나 나는 결코 '낙원' 시절로 돌아갈 수 없었다.

1994년 나는 어느 목사의 설교를 듣고 처음으로 내 구원의 확신에 관해 극심한 고민에 빠졌다. 그 고민은 나를 너무 힘들게 했고 자살 충동으로 이어졌다. 겁 많은 나는 자살을 할 수는 없었고 울면서 버텼다. 그러다가 1997년에 코엔 형제의 〈파고〉(1996)를 보고 영화감독이 되고 싶다는 꿈을 꾸었다. 그때부터 나는 영화에 미쳐 살기 시작했다.

1997년부터 지금까지 나는 대략 8천 편이 넘는 영화를 보았다. 단편을 찍었고, 대학원에서 영화이론을 공부했다. 매체에 영화 관련 글을 썼고, 극영화와 다큐 현장에서 일했으며, 영상물등급위원회에서도 활동했다. 단역 배우로 몇몇 영화에 출연했고, 영화 토크 행사도 진행하고 있다. 그런데 영화에 미쳐 살기 시작한 지 대략 30년이 지나 뒤돌아보니 영화에 대한 열정은 나의 맹렬한 짝사랑이었다. 그것도 어쩌면 병적인 사랑. 나름 분석을 해보자면, 사람들로부터 얻고 싶었던 사랑을 결코 얻을 수 없었던 나는 영화에 대한 짝사랑을 통해서라도 그 결핍을 채우려고 했다.

영화와 함께 살아왔지만 정작 영화로부터 그 어떤 보답도

받지 못한 것 같다. 한때 나와 함께 영화를 보던 사람 중에는 현재 평론가나 감독이 되어 활발하게 활동하는 이들도 많다. 반면에 나는 조금의 진전은 있었을지 몰라도 예전과 크게 달라지지 않았다. 그래서 '짝사랑'이라는 표현을 쓴 것이다. 언젠가 누군가로부터 영화가 나를 사랑하는지 돌아볼 필요가 있다는 말을 들은 적이 있다. 그렇다. 나는 영화로부터도 사랑받지 못했다. 이것은 또다시 실패를 의미한다. 사랑은 상호적일 때 온전히 성립하기 때문이다. 그러나 영화를 짝사랑하는 것은 타인과 소통하는 것보다 나에게 행복한 일이었다. 적어도 나는 영화로부터는 사람만큼 상처받지 않았기 때문이다. 이러한 이유로 인해 나는 영화에 대한 병적인 사랑을 버릴 수 없었다.

나는 한때 타인과 소통할 수 없고 신앙적인 고민을 해결할 수 없다는 절망감에 스크린 속에서 영원한 죽음을 꿈꾼 적도 있었다. 그러나 그것은 무모하고 어리석은 일이었다. 내가 살아있는 한 그런 형태의 죽음은 불가능했기 때문이다. 스크린에서 빠져나와 현실로 돌아오려고 했으나 그 또한 쉽지 않았다. 마치 문명 세계에 적응하지 못했던 늑대 소년처럼 사람들과의 소통은 더 어려워졌다. 어느 순간 영화에서 현실로 돌아왔으나 다시 상처받고 영화로 돌아가고, 다시 필사적으로 현실로 돌아오려고 했으나, 또다시 상처받고 영화로 돌아가는 악순환을 반복했다. 그런 가운데 부모님은 모두 돌아가셨고 나는 더욱더 사람들과 멀어지고 내 삶은 점점 망가져 갔다.

그렇게 세월은 흘러 2019년이 되었다. 그해 2월 27일, 인디스페이스에서 김보라의 〈벌새〉(2018)를 보았고 나에게 기적이 일어났다. 이 영화가 그동안 나를 고통스럽게 해왔던 트라우마를 치유해주었기 때문이다. 그리고 이 영화는 나에게 타인의 사랑을 갈구하는 것보다 나를 사랑하는 것의 중요성을 일깨워줬다. 나는 여전히 사람과 영화로부터 사랑받고 싶었지만, 그 마음을 조금 내려놓고 나를 더 사랑하려고 노력하기 시작했다. 그리고 영화와 관련된 이런저런 활동을 하며 여전히 살고 있다.

나는 스스로 극장의 유령이라고 느낀다. 이런 비유를 들면 쉽게 이해가 갈 것 같다. 봉준호의 〈기생충〉(2019)을 처음 보자마자 내가 가장 동화되었던 인물은 유령과 같은 삶을 살고 있는 근세였다. 내가 유일하게 성대모사를 할 줄 아는 인물이 근세라는 것만 봐도 내가 이 캐릭터에게 얼마나 연민의 감정을 느꼈는지 짐작할 수 있을 것이다. 〈기생충〉외에도 흔히 내가 영화를 볼 때 유난히 애정을 갖는 캐릭터들은 영화 속에서는 주인공일지라도 사회적으로 볼 때는 소외되거나 외로운 인물들이 많았다. 당연히 내가 처한 상황과는 다르지만 각 인물이 처한 여러 맥락을 떼어놓고 단순히 외롭고 고독한 인물들이라는 측면에서만 볼 때 내가 동화되었던 인물들은 이렇다. 〈택시 드라이버〉(1976)의 트래비스 비클, 〈분노의 주먹〉(1980)의 제이크 라모타, 〈드라이브 마이 카〉(2021)의 가후쿠, 〈토니 타키타니〉(2004)의 토니 타키타니, 〈수색자〉(1956)의 이산 에드워즈, 〈사무라이〉(1967)의 제프 코스텔로, 〈레오파드〉(1963)의 살리나, 〈꽁치의 맛〉(1962)의 히라야마, 〈녹색 광선〉(1986)의 델핀, 〈영향 아래 있는 여자〉(1974)의 메이블, 〈사랑의 행로〉(1984)의 사라, 〈스트롬볼리〉(1950)의 카렌, 미켈란젤로 안토니오니, 에드워드 양, 차이밍량, 라이너 베르너 파스빈더, 왕가위, 니콜라스 레이, 빔 벤더스, 짐 자무쉬, 오손 웰즈의 영화 속 인물들....

최근에 반 고흐 전시회에서 고흐의 외로움에 깊이 공감하며 울컥했던 심정, 카프카 소설 『심판』의 K나 뮤지컬 『오페라의 유령』에서의 유령을 보고 연민의 감정을 느꼈던 것도 비슷한 맥락에서일 것이다. 감정의 차원에서는 위에 열거한 인물들과 동질감을 느꼈지만, 영화의 프레임에서 나의 위치를 찾아보자면 프레임의 중심이 아니라 프레임의 가장자리에 내 자리가 있을 것이고, 화면 구도에서 보자면 전경보다는 후경에 작게 보일 것이며, 영화 속 등장인물로 따지자면 스치는 행인이거나 주인공의 배경에 있는 수많은 인파 중의 한 명일 것이다. 에른스트 루비치의 〈사느냐 죽느냐〉(1942)는 극단의 단역을 맡은 인물이 2차대전 상황에서 단역을 뛰어넘는 영웅적 행동을 하게 되는 모습을 보여준다. 내가 그 영화에서 커다란 울림을 느낀 것은 나에게 그 단역과 같은 일이 현실에서 벌어지기를 소망했기 때문이다. 이렇게 스스로 존재감 없는 인물이라고 여겼기에 그나마 나를 정의하기 위해 '유령'이라는 표현을 쓰고 싶은 것이다. 나에게 영화는 유일한 낙이었고 영화에 중독된 상태여서 결코 극장을 떠날 수 없었다. 극장을 떠나는 것은 밥을 포기하는 것과 다름없었다. 밥을 먹지 않고는 살 수 없으므로 나는 극장의 유령이 된 것이다. 흥미롭게도 나는 지인의 단편영화에서 영화를 만 편이나 본 것 때문에 뱀파이어가 되어버린 한 남자를 연기했었다. 지인의 상상력이 가미된 영화였지만 내 스스로 극장의 유령으로서의 나의 정체성을 인정한다는 것을 고려한다면 놀랍게도 그 지인은 나의 현실을 정확하게 꿰뚫은 작품을 만든 셈이다.

나는 극장의 유령으로 살아올 수밖에 없었다. 그 이유는 오래도록 말하지 못했던 슬픈 사연 때문이다. 나는 대략 30년간 강박 장애로 고통을 받아왔다. 이 질환은 대인 관계를 맺거나 사회생활을 하는 데 있어서 심각한 갈등을 불러온다. 나의 영화 중독 상태도 분명 이 질환과 관련이 있다. 따라서 이 질환으로 인해 나는 사회적으로 고립되었고 나 자신을 유령으로 바라보게 되었다. 사회적 낙인이 찍힐까 봐 두려워서 그동안 공개적으로 이 사실을 밝힌 적은 없었다. 그런데 내 삶이 그대로 녹아있는 책이 출간되는 상황에서 강박 장애가 내 글에도 분명히 영향을 미치고 있다는 생각을 지울 수 없었고 이 사실을 밝혀야 독자들이 내 글을 온전히 이해할 수 있을 거라 느꼈다. 과도하게 흥분한다거나 집요하게 파고든다거나 반복적인 표현을 쓴다거나 장문의 글을 쓰게 되는 것은 내 질환과 무관하지 않다. 그러한 특징이 내 글의 한계이기도 할 것이다. 내 글에는 그동안 내가 나의 질환과 싸워온 흔적이 묻어있다. 복합적인 감정이 담긴 그 흔적들이 부디 독자들에게 잘 전달될 수 있기를 진심으로 바란다.

극장의 유령으로 살면서 내 질환 때문에 나를 불편해하는 사람들도 많았고 그들에게 미안한 마음도 늘 있었다. 유령의 신분을 벗어나는 게 힘들다면 앞으로는 사람들에게 전보다 좋은 유령이 되고 싶다. 오랫동안 극장의 유령으로 지내며 자연스럽게 관객의 세대교체도 경험하게 되었다. 어떤 사람은 아직도 극장에 남아 있고 어떤 사람은 더 이상 극장에 오지 않는다. 이렇게 자연스럽게 다양한 관객을 접하면서 관객의 관심사가 어떻게 흘러가는지도 파악하게 되고 새로운 관객과도 교류하게 되었다. 최근에는 시네마토그래프의 이윤영 대표와도 우연한 계기로 인해 알게 되었고 그와 서로 도움을 주고받는 신기한 일도 생겼다. 앞으로도 극장의 유령으로서 미약하게나마 좋은 영향을 줄 수 있는 만남을 이어가고 싶다.

이 책은 1997년부터 현재까지 영화에 대한 나의 열렬한 짝사랑의 기록이다. 현실에서 사람들에게 사랑받지 못하고서 영화에게 제발 나를 사랑해달라고 애원했으나 한 번의 답장도 받지 못한 수많은 연애편지다. 그래서 이 글들은 대체로 감상적이다. 읽는 사람들이 부담스러울 정도로 열렬하게 영화에 대한 내 사랑을 고백하고 있기 때문이다. 따라서 이 글들은 평론과는 한참 거리가 멀다. 평론은 영화와의 애정을 끊어내는 작업에 더 가깝다고 생각하기 때문이다. 영화에 대한 애정을 고백하는 글들이기에 내 글에서 영화에 대한 부정적인 견해를 발견하기는 쉽지 않다. 콩깍지가 씌었다는 표현이 딱 들어맞을 것 같다.

나에게 영화는 앨프레드 히치콕의 〈현기증〉(1958)에서의 '매들린'이다. 영원한 죽음을 꿈꿨을 정도로 달콤한 환상이다. 이런 환상에서 벗어나지 못하기 때문에 내 글에는 영화와 현실의 경계가 무너져있다. 현실에서 부딪히는 지극히 사소한 일들과 마주했을 때도 나는 항상 영화와 연결한다. 이를테면 길을 찾아 헤매다가 똑같은 장소로 돌아왔을 때 〈멀홀랜드 드라이브〉(2001)를 떠올리는 식이다. 어린 시절 조지 루카스의 〈스타워즈〉(1977)를 보고 난 후 이 영화의 오프닝부터 여러 이미지가 머릿속에 재생되어서 아주 신났던 기억도 있다. 좀 과장하자면 내 피부를 비롯해 나의 모든 것이 영화로 구성된 것은 아닌가 하는 생각이 들 때도 있다. 아마도 나 같이 현실에서도 영화에 빠져 사는 사람은 드물 것이다. 적어도 내 주변에서는 단 한 번도 본 적이 없다. 나는 이것이 좋다고 말하고 있는 것은 결코 아니다. 내가 실제로 그런 사람이라는 것을 인정한다는 뜻이다. 이런 사람이 어떻게 현실에서 타인과 제대로 소통할 수 있겠는가. 내 스스로 파국을 자초한 면이 있다고 봐야 한다. 그런데 이러한 상태는 내 나름으로 타인과 열렬히 소통하기를 시도했으나 결국 소통에 실패한 결과이다.

그러나 역설적으로 나는 영화를 통해서 삶을 만났다. 내가 스크린 속에서 영원한 죽음을 맞이할 수 없다고 느낀 것도 영화를 통해서였다. 그래서 내 글에는 영화에 대한 지나칠 정도의 애정만 가득한 것 같으면서도, 한편으로 영화를 통해 다시 삶으로 나가고자 하는 나의 갈망이 새겨져 있다. 내가 여기 실린 글들을 통해 영화와 가족을 연결하거나 영화인들과의 일화를 밝히거나 고인이 된 영화인들을 추모하거나 삶에 대한 고민을 털어놓는 이유는 바로 여기에 있는 것 아닐까. 결정적으로 〈벌새〉가 나를 다시 삶으로 인도한 기적 같은 작품이라는 점에서 놀랍게도 영화는 결국 나를 구원으로 이끌었다고 말하고 싶다.

어린 시절 백일장에 나갔던 걸 떠올리면, 나는 글쓰기를 좋아했던 것 같다. 그런데 어느 시점에 주변인들로부터 내 글에 대한 비판을 듣고부터는 상처를 받고 자신 있고 당당하게 글을 못 썼던 것 같다. 글을 쓸 때 늘 주변을 의식하면서 상처받지 않으려 애썼다. 그러나 쓰기를 멈출 수는 없었다. 익명으로라도 계속 글을 쓰고자 했다. 영화를 보고 나면 주체할 수 없는 감정을 글로 쏟아내야만 직성이 풀리곤 했다. 그런 글이 좋을 수는 없겠지만 그런 식으로라도 영화를 본 흔적을 남기고자 했다. 그리고 영화 관련 책이나 좋은 평론가의 글을 읽게 되면서 글을 더 잘 쓰고 싶다는 욕구도 생겨났다. 나름 잘 쓰려고 노력했음에도 불구하고 실력이 좀처럼 나아지지 않는 걸 보고, 주변의 반응도 느끼면서 절망하는 순간도 많았다. 그래도 지금까지 좋은 영화를 보면 SNS나 블로그, 왓챠피디아, 키노라이츠 등에 짧게라도 영화에 대한 글을 쓰려는 욕구를 버리지 못했다. 나는 스스로 실망하고 절망하면서도 존재의 의미를 찾기 위해 계속 글을 써왔던 것 같고 앞으로도 그럴 것이다. 또한 나의 글쓰기는 실제의 만남 속에서 소통에 실패한 것을 만회하려는 갈망이기도 했다.

어느 시점부터 글을 쓸 때 '오신호'라는 닉네임을 사용해왔는데 타인에게 신호를 보내고 싶다는 간절한 소망 때문이었다(어감상 매끄럽고, 감탄사 느낌으로 '신호'를 강조하기 위해서 성으로 '오'를 쓴 것인데 의도치 않게 오히려 신호의 오류라는 소통 불능 상황을 떠올리게 만드는 닉네임이 되었다는 건 아이러니하다). 요컨대 이 책은 나의 신호가 타인에게 닿기를 바라는 소망과 함께 버텨온 내 삶의 흔적이다. 최근에 크리스 마르케의 〈제5단계〉(1997)를 보고 나서 어쩌면 개개인의 삶 자체도 각자의 방식으로 편집되는 게 아닌가 하는 생각이 들었다. 그리고 내가 그동안 써온 글에 대해서도 이런 생각을 적용해보니 비록 미약한 수준이기는 하지만 나는 무의식중에 글을 통해 내 삶과 내가 본 영화들을 편집해서 나름의 의미를 찾고 싶었던 것 같다는 결론에 이르게 되었다.

어떤 영화를 보고 나처럼 흥분하는 순간들을 경험했던 사람들이라면 내 글을 읽고 공감할 수 있을 것 같다. 이 책은 영화 사랑의 결과물이지만, 한편으로 영화의 거대한 힘이 한 사람을 완전히 삼켜버린 하나의 사례가 될 수 있을 것이다. 그와 동시에, 영화로 가득 찬 삶을 통해 오히려 영화와 현실의 균형이 왜 소중한지도 깨닫게 될 것이다. 이 책이 단 한 명의 독자에게라도 온전히 다가갈 수 있기를, 그리고 지금까지는 내가 전혀 생각지 못했던 독자와도 만날 수 있기를 진심으로 소망한다.

이 책이 나오기까지 고민이 너무 많았다. 또다시 사람들로부터 상처받을 걱정이 가장 컸다. 책의 출간을 놓고 고민을 거듭했다. 그로 인해 일정이 늦어졌음에도 불구하고 끝까지 나를 참고 기다려주고 믿어준 불란서책방의 김영신 대표님께 진심으로 감사드린다. 그가 없었다면 이 책은 존재하지 않았을 것이다. 그동안 나를 사랑해주시고 응원해주시고 도와주셨던 모든 분께 깊은 감사의 마음을 전한다. 또한 나에게 큰 계기를 마련해준 인생 영화들인 〈벌새〉와 〈기생충〉의 감독, 배우, 스태프에게 진심으로 감사드린다. 하늘에 계신 부모님이 이 모습을 기쁘게 지켜봐 주실 것이라 믿는다. 끝으로 하나님께 감사드린다. 2019년에 〈벌새〉를 만나게 하신 것도, 그동안 기적처럼 나를 이끌어주신 것도 모두 그 분이셨음을 믿는다. 부디 이 책이 내가 나를 더 사랑하게 되는 계기가 되기를 바라며.

1
극
장
전

어느 걸작주의자의 강박증

영화를 보다가 심장마비로 죽는 일이 생기지나 않을까? 옆구리가 아프고 헛구역질이 날 정도에 이르기도 한다. 이런 상태가 되면 각성제가 따로 필요 없다. 마치 세상을 다 가진 듯한 흥분 상태가 오랫동안 지속된다. 마이클 치미노의 〈천국의 문〉(1980)과 베넷 밀러의 〈폭스캐처〉(2014)를 연이어 보고 기진맥진했다. 나의 모든 감각 기관은 영화를 보는 데 최적화되어 있는 것일까? 그러지 않고서야 영화를 본 흥분을 가라앉히기 전에는 잠을 못 자는 현재의 상태를 도대체 어떻게 설명할 수 있을까.

마음을 진정시키고자 카페에 들렀다가 막차 시간이 지나도록 일어나지 못하고 그만 주저앉아 버렸다. 올해 들어서도 벌써 몇 번째다. 내가 이런 상태를 겪는다는 것이 남들보다 영화를 더 잘 이해한다는 것은 절대로 아니다. 나는 영화를 볼 때 단 한 가지도 놓치지 않겠다는 굳은 마음으로, 마치 전투에서 꼭 승리하겠다는 심성으로 봤음에도 주변 사람들과 대화를 나누다 보면 오히려 내가 영화에 대한 이해력이 떨어진다는 것을 절감하면서 좌절하게 될 때가 다반사다. 결과적으로 이런 흥분 상태는 나에게 무용하다.

영화를 보고 나온 사람에게 던지는 나의 가장 악명높은 발언. 아마도 영화 "어떠셨어요?"와 "걸작이죠!" 일 것이다. 나는 왜 늘 남의 의견을 궁금해하는 걸까. 내가 주체로서 제대로 성립되지 못했다는 것을 의미할 수도 있을 것 같다. 나는 보통 남의 의견을 듣고 내 것과 종합해서 결론을 내리려는 성향이 있는데 내가 상대방의 의견을 묻는 건 그와 관련이 있을 것이다. "걸작이죠!"라는 말을 하는 이유는 학습효과에 의한 것이다. 지인 중에는 영화를 보고 나서 걸작이라고 말하는 지인이 많았다. 나는 이것을 듣고 배웠고 그 이후로 어떤 영화에 대한 최고의 찬사를 보내고 싶은 경우 언제나 걸작이라는 말을 썼다. 항상 논리적인 근거를 댈 수 있는 것은 아니지만 영화를 보고 나면 내적으로 어떤 높은 기준점에 도달했다는 마음이 들 때가 있는데 그 경우에 나는 그 영화를 걸작이라고 부른다.
문제는 나에게는 그런 영화가 상대적으로 남들보다 많다는 것이다. 그래서 걸작이라는 용어를 가르쳐준 지인들마저 내가 남발하는 걸작 소리에 질려버리는 웃지 못할 상황까지 벌어지고 말았다. 그리고 나의 걸작 남발은 주변에서 영화 평가에 대한 나의 신뢰도를 현격히 떨어뜨렸다. 내가 보통 영화를 평가하는 데 있어 남들보다 점수가 후하다는 말은 할 수 있을 것 같다. 그것은 항상 내가 어떤 영화든지 그 미덕을 찾기 위해 단점보다는 장점을 위주로 보려고 하는 경향이 있기 때문이다. 내가 어떤 영화를 걸작이라고 부르고 싶은 욕구를 버리지 못하는 것은 내가 항상 어떤 것을 구체적으로 규정하고 싶어 하는 것과 관련이 깊은 것 같다. 나는 무질서한 상황을 불안해하고 견디지 못하고 정리, 분류, 배열하려는 경향이 있기 때문이다. 그러니까 영화도 범작, 수작, 걸작으로 분류해야만 직성이 풀리는 것이다.

내가 소위 '걸작주의자'라는 오명을 얻게 된 것은 나의 기형적(?)인 영화 보기와도 밀접하게 관련되어 있다. 내가 영화에 본격적으로 미치기 시작했을 때, 나는 이 세상에 있는 모든 종류의 영화를 다 봐야겠다고 마음을 먹었다. 그러려면 어떤 기준점이 필요하다고 판단했다. 결과적으로 내 영화 인생의 비극이 거기서 시작되었지만, 당시로서는 그 판단이 옳다고 믿었다. 내 생각은 일단 영화사적으로 중요한 작품들이 망라된 리스트를 찾고 전체적인 영화에 대한 지도를 그리고 나서 지도에서 빠진 내용들을 채워가면 점점 더 세밀한 지도를 그릴 수 있을 거라고 봤다. 볼 영화는 많고 시간은 한정되어 있으므로 될 수 있으면 중요한 작품들을 우선순위로 봐야지만 영화의 핵심으로 좀 더 다가갈 수 있으리라 생각했다. 그렇게 해서 내가 처음으로 참고했던 리스트로는 '구회영'이라는 필명을 썼던 김홍준 감독이 뽑은 영화 리스트와 영국 영화 잡지《사이트 앤 사운드(Sight and Sound)》역대 베스트 10이었다. 이런 식으로 영화사적으로 중요한 영화들, 예를 들어 〈시민 케인〉(1941), 〈네 멋대로 해라〉(1960), 〈현기증〉 등의 영화를 보면서 충격을 받고 영화의 세계에 점점 깊이 빠져들었다. 내가 소위 걸작 위주로 영화를 봐왔다는 것은 국내에 출간된『죽기 전에 꼭 봐야 할 영화 1001』만 봐도 알 수 있다. 그 책에 나온 영화들을 쭉 살펴보니 책에 소개된 작품 중 내가 지금까지 본 영화가 대략 600편이 넘었다. 나의 독자적인 판단이 전혀 들어가지 않는 것은 아니지만 현재까지도 나는 매년 그해에 나온 중요한 영화들 위주로 영화를 선택하는 경우가 많다. 여전히 영화에 대한 큰 그림을 그리려면 알짜배기부터 봐야 한다는 강박관념을 가지고 있는 것 같다. 다양한 영화들을 골고루 보려고 하지만 상대적으로 그해 주목받는 작품들과 시네마테크의 상영작들을 더 많이 보는 건 사실이다.

내가 소위 걸작이라 알려진 영화를 주로 봐왔기에 그 영화를 보고 걸작이라고 판단할 확률이 높은 것은 맞다. 지인들 또한 내가 이미 걸작이라는 것을 상정하고 영화를 보기 시작하기 때문에 보고 나서도 걸작이라고 느낀다는 것이다. 한마디로 '걸작이니까 걸작이다'라는 논리에 내가 빠져있다는 것이다. 그런 말을 들을 때마다 자존심이 상하고 부인하고 싶었지만 내가 기형적인 영화 보기를 해왔다는 그들의 판단에 대해 나로서는 어쩔 도리가 없다. 나도 따라쟁이가 아니라 내 나름의 논리를 가지고 그 영화를 걸작으로 판단한다고 주장하고 싶다. 남들이 극찬한 영화에 대해 심드렁하거나, 과소 평가된 영화에 대해 극찬한 예도 나에게는 분명히 있기 때문이다.

요즘에는 내가 걸작이라는 말을 쓰는 이유가 좀 더 다양해지고 있는데 저평가된 영화를 옹호하고 싶을 때 걸작이라는 말을 쓰곤 한다. 최근에 요시다 다이하치의 〈키리시마가 동아리활동 그만둔대〉(2012)를 걸작이라고 말했다가 지인으로부터 욕을 많이 먹기는 했지만 말이다. 그리고 걸작을 봤다고 해서 항상 날밤을 새워야 하는 흥분 상태에 빠지게 되는 것은 아니다. 걸작도 마음의 기준에서는 편차가 있는 모양이다.

영화를 본 흥분 상태의 글쓰기는 또 어떤가. 주체할 수 없는 감정 때문에 마음을 안정시키고 정리하고자 글을 쓰게 되지만 정제되지 않은 감정의 포르노라고 할 만한 글을 쓴다고나 할까. 아이러니하게도 내가 정말 좋아하는 존 포드나 오즈 야스지로의 영화들은 절제되어 있고 인물들도 과묵한데 그렇게 본다면 나는 그 영화들로부터 아무것도 배우지 못한 셈이다.

남들이 영화를 보고 나처럼 흥분하지 않는다고 해서 나만큼 이해하지 못했거나 감흥을 못 느낀 게 절대로 아닐 텐데 나도 남들처럼 잠시 흥분했다가 마음을 가라앉히고, 잠도 자고 다른 일도 할 수 있었으면 정말 좋겠다. 그런데 몸이 매번 스스로 그렇게 반응해버리니 나로서도 이것을 피할 방법이 없다. 이 흥분 상태를 자주 경험하는 게 더욱 무용하다고 느끼는 것은 현재 내가 그냥 영화를 좋아하는 관객일 뿐이기 때문이다. 차라리 지금껏 꿈꿔왔던 영화감독이나 영화평론가가 되어 특별한 위치에 있다면 이런 일을 겪는 것에 대해 지금보다는 좀 더 이해할 수 있을 것 같다. 현재 이 흥분 상태는 생계와도 전혀 무관하다. 근래 들어 '인생은 가까이에서 보면 비극인데 멀리서 보면 희극이다'라는 찰리 채플린의 말이 정말 명언이라는 생각이 든다. 현재만 놓고 얘기해보자면 영화를 보면 경험하게 되는 흥분 상태는 나에게 비극이다. 적어도 황홀경을 경험하게 해주기는 하므로 완전한 비극은 아니지만 말이다. 누군가에게는 영화를 보고 흥분한 나머지 밤새 어쩔 줄을 몰라 하는 나의 이 모습이 우스꽝스럽게 보일 것 같다.

눈물이 주룩주룩

세르지오 레오네에 관한 다큐를 보러 가는 길에 전철역 계단을 오르다가 턱에 걸려서 한 바퀴 굴렀다. 이렇게 크게 넘어진 건 처음이었는데 큰 부상은 면했다. 무릎과 그 밖에 여러 군데 타박상을 입었다. 모자를 쓰고 옷을 두껍게 입고 있었던 것도 큰 부상을 피하는 데 도움이 된 것 같다. 한동안 바닥에 앉아있다가 조금 괜찮아진 것 같아서 몸을 일으켜서 다시 극장으로 향했다. 곧바로 데이미언 셔젤의 〈위플래쉬〉(2014)의 한 장면이 떠올랐다. 극 중 주인공 앤드류(마일즈 텔러)가 연주회에 참가하러 가던 중 자동차 사고로 심하게 다치는데 초인적인 힘을 발휘해서 결국 연주회에 참가한다. 다리를 절뚝거리면서 걷는 나를 보면서도 문득 그 생각이 들었다. 몸을 다친 상태지만 너무 보고 싶었던 다큐라서 영화 관람을 포기할 수 없었다.

아픈 몸으로 좌석에 앉아 프란체스코 치펠의 〈세르지오 레

오네: 미국을 발명한 이탈리아인〉(2022)을 보기 시작했다. 신기하게도 좀 전에 떠올렸던 〈위플래쉬〉를 만든 데이미언 셔젤을 비롯해서 엔니오 모리꼬네, 쿠엔틴 타란티노, 스티븐 스필버그, 클린트 이스트우드, 대런 아르노프스키, 마틴 스콜세지, 프랭크 밀러, 쥬세페 토르나토레, 자크 오디아르, 서극, 로벝트 드 니로, 제니퍼 코넬리, 일라이 월락, 다리오 아르젠토, 레오네의 자녀들(안드레아, 프란체스카, 라파엘라 레오네) 등 수많은 사람의 인터뷰 장면이 이어졌는데 인터뷰 내용이 무척 감동적이었다. 스필버그가 레오네를 이 정도로 좋아하는 줄은 처음 알았기 때문에 좀 놀라웠다. 심지어 이 다큐에서 스필버그의 인터뷰 분량은 레오네의 열렬한 팬으로 알려진 타란티노보다 더 많다. 레오네가 세 자녀에게 매우 자상한 아버지였다는 것과 학창 시절 엔니오 모리꼬네와 동창이었다는 것도 처음 알게 되었다.

다큐에는 모리꼬네가 〈석양의 갱들〉(1971)의 곡을 피아노로 연주할 때 레오네가 그 곡을 듣고 있다가 좀 더 부드럽게 해보라고 얘기하는 장면이 나온다. 제니퍼 코넬리는 〈원스 어폰 어 타임 인 아메리카〉(1984) 촬영 당시 그녀가 최초로 접한 영화 촬영 현장에서 너무나 자상하게 대해주었던 레오네를 떠올리며 눈물을 글썽인다. 당연히 모리꼬네의 음악이 많이 흘러나왔다. 모리꼬네는 레오네와의 협업 과정을 자세하게 설명해준다. 〈옛날 옛적 서부에서〉(1968)의 긴 오프닝 장면에선 원래 모리꼬네의 음악을 쓸 예정이었으나 레오네가 모리꼬네의 음악을 빼고 다양한 음향 효과만으로 일종의 음악을 구성한 것을 보고 모리꼬네가 바로 인정했다는 일화도 등장한다. 이때 화면에서는 〈옛날 옛적 서부에서〉의 오프닝 장면이 나오는데 나는 이 영화의 오프닝 장면 자체가 지닌 음악성에 대해 예전보다 더 실감하게 되었다.

이렇게 다큐를 재미있게 보고 있었는데 뭔가 점차 북받쳐 올라 울컥울컥하더니 모리꼬네가 작곡한 〈원스 어폰 어 타임 인 아메리카〉 OST 중 하나인 「데보라의 테마」가 흘러나올 때는 나도 모르게 눈물이 흘렀다. 그리고 그 이후로 계속 울컥하는 심정으로 다큐를 봤다.

다큐를 보면서 돌아가신 부모님이 떠올랐고 나는 왜 이리 영화에 빠져 버렸을까, 라는 생각을 비롯해, 내 안에 있는 온갖 감정들이 휘몰아쳤다. 스필버그의 말과 함께 영화가 끝나고 엔딩 크레딧이 올라갈 때 다시 「데보라의 테마」가 흘렀는데 그때부터 나는 소리를 크게 내지 않으려고 꾹 참으면서 거의 통곡하듯이 울고 말았다. 전에 레오네의 영화들을 보면서도 이렇게 울어본 적은 단 한 번도 없었다. 애초에 내가 영화를 보면서 우는 경우는 극히 드물다. 그때 왜 그리 눈물이 흘렀는지에 대해 논리적으로는 설명할 수 없다. 임상심리학자에게 심리 분석을 요청하고 싶은 기분이 들 정도로 오묘한 순간이었다. 집에 와서 「데보라의 테마」를 들었는데 또다시 눈물이 흘렀다. 이 음악을 들으면서 운 것도 그날이 처음이었다. 이유를 알 수 없지만 그날 엔니오 모리꼬네의 음악은 내 마음을 후벼팠다고 해도 과언이 아니다. 그 음악이 내 무의식의 영역을 건드린 것 같다. 다큐에서 레오네의 영화는 노스텔지아에 관한 것이라는 말이 나오는데 그날 유난히 다큐에 나왔던 레오네 영화의 장면들이 나의 노스텔지아를 자극했던 것일까. 나도 잘 모르겠다. 다큐를 보면서, 레오네의 영화들은 이제는 더 이상 재현되지 않는 영화로웠던 영화의 시대에 대한 향수를 불러일으키는 것은 아닌가, 하는 생각이 들었다. 그리고 레오네의 영화 중에 OST는 매우 좋아함에도 불구하고 정작 영화 본편은 크게 좋아하지 않았던 유작 〈원스 어폰 어타임 인 아메리카〉를 꼭 다시 보겠다고 마음먹었다. 레오네가 무려 15년 동안 준비했던 작품이라는 사실을 알게 되니 뭔가 애틋한 감정이 들었기 때문이다. 몸은 만신창이였음에도 불구하고 영화에 몰입해서 펑펑 울었던 것은 생애 최초로 있었던 일이다. 온전히 영화만으로 행복해질 수 있다는 것을 실감한 날이기도 했다.

나, 스코티 그리고 매들린

영화 〈현기증〉에 관한 미친 기록

내가 〈현기증〉을 처음 알게 된 것은 아마 1998년일 것이다. 가정불화와 신앙에 대한 고민에서 비롯된 극심한 고통을 회피할 수단이 필요했던 내게 여러 계기로 영화는 마치 운명처럼 다가왔고 그런 가운데 히치콕의 〈현기증〉을 발견했다. 내가 동대문에 있는 중고 비디오 가게에서 사 모으기 시작한 비디오테이프 중에는 〈현기증〉도 들어있었다. 본격적으로 영화들을 사 모으기 시작한 그 시기에 프랑수아 트뤼포의 〈400번의 구타〉(1959)와 〈피아니스트를 쏴라〉(1960), 오손 웰즈의 〈시민 케인〉, 장-뤽 고다르의 〈네 멋대로 해라〉 등의 고전 명작들이 국내에 처음으로 비디오를 통해 소개되었다. 나는 그런 수혜를 입은 사람 중의 한 명이었다. 그런데 내가 비디오로 〈시민 케인〉을 본 지 불과 이삼 년 정도가 지나서 그 영화를 국내에서 필름으로 볼 수 있을 거라는 건 그 당시에도 상상을 못했었다. 내가 영화에 본격적으로 빠져들었던 때는 그렇게 국내 영화 환경이 급격하게 변하던 시기였다.

어느 날 나는 드디어 집에서 처음으로 〈현기증〉을 비디오로 보았다. 아직도 뚜렷하게 기억하고 있다. 그날 나는 집에 혼자 있었고 〈현기증〉이 끝나자마자 어머니가 귀가하셨던 것으로 기억한다. 극 중 쥬디(킴 노박)가 갑자기 카메라를 바라볼 때 플래시백이 되면서 사건의 진상이 밝혀지는 순간 깜짝 놀랐고, 영화의 마지막에 쥬디가 종탑에서 떨어져 죽었을 땐 큰 충격을 받고 전율할 수밖에 없었다. 그리고 버나드 허만이 작곡한 음악은 매혹적이었다. 엔딩 장면의 충격으로 인해 그 당시에 봤던 팀 버튼의 〈에드우드〉(1994), 스탠리 큐브릭의 〈시계태엽 오렌지〉(1971), 세르게이 에이젠슈테인의 〈전함 포템킨〉(1925), 〈시민 케인〉, 〈네 멋대로 해라〉 등과 함께 〈현기증〉은 나에게 가장 인상적인 영화 중의 한 편이 되었다. 그날 이후로 나는 〈현기증〉에 완전히 사로잡혔던 것 같다. 그렇다고 해서 그 영화를 비디오로 여러 번 돌려보지는 않았다. 보고 싶은 영화들이 너무 많아서 그 영화를 다시 볼 겨를이 없었는지도 모르겠다. 아마도 〈현기증〉은 내 머릿속에서만 계속 재생되고 있었는지도 모른다.

그 당시 나는 사는 게 너무 힘들었으며 심지어 자주 자살 충동을 느끼고 있었다. 그런데도 막 본격적으로 사랑에 빠진 영화라는 대상 안에서 너무 행복해하는 이율배반적인 삶을 살았다. 내가 볼 수 있는 좋은 영화들이 너무 많았고 그 영화들을 보면서 환희에 찬 순간도 너무 많았다. 점점 영화에 빠져들지 않을 도리가 없었다. 그러나 항상 영화가 끝나고 현실로 돌아오면 공허함을 느끼며, 죽고 싶을 만큼 냉혹한 현실과 다시 마주해야 했다. 나는 현실로 돌아오고 싶지 않았다. 차라리 행복한 영화의 세상 속에서 영원히 살고 싶었다. 그런 삶을 반복하는 가운데 〈현기증〉을 다시 생각하기 시작했다. 극중 인물 스코티(제임스 스튜어트)를 점점 이해하기 시작했고, 매들린(킴 노박)이 바로 영화일지도 모른다는 생각에 이르렀다.

〈현기증〉은 많은 평자에 의해 '영화'에 관한 영화로 높이 평가 받지만 나는 그런 평론을 통해서 이런 결론에 이른 게 결코 아니었다. 그게 흔히 사람들이 나를 보고 오해하는 부분이다. 내가 당시 영화에 대해 갖고 있던 복잡한 감정은 스코티와 너무도 닮아있었고 급기야 나는 내 자신이 스코티라고 믿기 시작했다. 스코티가 매들린에게 느끼는 온갖 감정들은 내가 영화를 보고 이미지에 매혹되어 너무도 행복해하면서도 한편으로 영화가 끝나고 내 눈앞에서 사라질 때 느끼는 공허함과 영화에서 빠져나와 잔인한 현실을 마주해야 한다는 괴로움 등으로 인해 느꼈던 영화에 대한 애증의 감정과 너무도 비슷했다. 스코티의 강박관념이나 광기도 나를 닮은 부분이 있었다. 그렇게 느끼자 〈현기증〉은 나에게 더 대단한 영화로 인식되기 시작했다. 왜냐하면 이 영화는 적어도 나에게 더할 나위 없이 현실적인 작품으로 다가왔기 때문이다. 판타지인데 한편으로 위대한 리얼리즘 영화가 된 것이다. 〈히치콕 트뤼포〉(2015)라는 다큐에서 제임스 그레이 감독은 〈현기증〉에서의 스코티를 설명하면서 그와 같은 말을 하기도 했다. 나는 친구에게 실제로 내가 스코티와 비슷한 처지에 있다고 말을 한 적도 있었고 나에 대해 설명할 때 자주 동원하는 영화가 〈현기증〉이었다. 인터넷에서 사용하는 아이디로도 '스코티'를 선호하게 되었다. 내가 점점 스스로 스코티와 동일시하면서 처음에는 인상적인 영화 중의 한편 정도였던 〈현기증〉은 영화 사상 위대한 영화 중의 한편으로 점점 자리 잡았다. 지금까지도 〈현기증〉은 내가 본 수천 편의 영화들 가운데에서도 세 손가락 안에 꼽는 작품이다.

〈현기증〉에는 기독교적 죄의식이 중요하게 다뤄지고 있는데 그런 점에서도 신앙적인 고민으로 괴로워하고 있던 나에게 이 영화는 중요한 작품이 될 수밖에 없었다. 스코티만큼 죄의식에 시달렸던 것으로 추정되는 쥬디가 결국 종탑에서 떨어져 죽을 때 인간적인 연민의 감정을 갖게 되는 것도 나의 신앙과 관련이 있었다. 이렇게 나는 〈현기증〉을 너무도 사랑하게 되었고 주변 사람들에게 틈날 때마다 자주 이 작품의 메타영화로서의 위대함을 설파하며 강력히 추천하게 되었다. 아버지가 살아계실 때 이 영화를 같이 본 적도 있었는데 아버지는 나만큼 이 영화에 감탄하지는 않았다.

〈현기증〉을 비디오로 본 지 불과 몇 년 만에 서울시네마테크 주최로 서울아트시네마에서 열렸던 앨프레드 히치콕 회고전에서 나는 드디어 이 영화를 필름으로 보게 되었다. 아쉽게도 16mm 프린트였지만 이 영화를 필름으로 본다는 사실에 너무 행복했다. 그때 이 영화를 세 번 상영했었는데 나는 세 번 전부 봤다. 그 회고전에서 지금은 고인이 된 홍성남 평론가를 만나 이 영화에 관해 많은 얘기를 들을 수 있었다. 그 이후로 다시 몇 년이 흘렀고 이번에도 서울시네마테크 주최로 필름포럼에서 열렸던 히치콕 회고전에서 이 영화를 드디어 35mm 프린트로 볼 수 있었다. 그때의 감격이란 형언이 불가능할 것 같다. 당시 나는 이 영화를 주변 지인들에게 추천하면서 이 영화를 상영할 때마다 매번 객석을 지켰다. 필름으로 영사된 스코티의 양복 색깔의 질감조차 잊어버리지 않으려고 머릿속으로 계속 떠올려봤다. 그렇게 이 영화는 내 마음속에서 항상 최고의 영화 중의 한 편으로 자리 잡고 있었으나 표면적으로는 이 영화에 대한 열기는 좀 가라앉은 듯 보였다.

세월은 점점 흘러갔고 2008년에 어머니가 갑작스럽게 세상을 떠났다. 현실이 너무 괴로워서 영화 속에서 영원히 살고 현실을 잊고자 했던(지금 생각해보면 그건 용기 없는 자가 선택할 수밖에 없었던 살아있는 자살 행위나 다름없다. 마치 〈양철북〉(1979)의 주인공이 뛰어내려서 성장을 멈춰버렸던 것처럼) 나는 어느 순간 그것이 불가능하다는 것을 깨달았고 외면했던 현실로 돌아와서 살아가야만 했다. 현실로 돌아오기 전의 상황과 비교를 하자면 가정불화나 신앙 문제도 어느 정도 해결된 상태였다. 그런데 너무 오랫동안 영화 속에 빠져 살았던 나는 이제 현실에 적응하는 게 너무 힘들었다. 특히 인간관계에 심각한 어려움을 겪었고 많은 상처를 입었다. 나는 이미 나이도 들었고 누구도 나에게 세상을 살아가는 방법에 대해 가르쳐주지 않았다. 그런데 누구나 다 그렇게 살아가므로 이것에 대해 누구를 원망할 수는 없었다. 누구나 성장하면서 그 나이대의 시행착오를 겪으며 터득하는 인생 경험이 10년 넘게 영화 속에서 영원히 살려고 했던 나에게는 없었던 거고 그렇게 해서 남들과 벌어진 간극을 도저히 채울 방법이 없었다.

그렇게 되자 나는 마치 문명 세계에 적응을 못 하는 늑대 소년이 된 것 같이 느꼈고 다시 문명 세계를 떠나고 싶다는 생각이 간절히 들었다. 다시 영화의 세계로 영원히 빠져들고 싶은 마음이 간절했다. 그러나 영화가 그렇게 해줄 수 없다는 것을 이미 깨달은 나는 영화의 한계를 알고 있었고, 그렇다면 남은 건 현실에서 죽음뿐이었다. 수없이 자살 충동을 느꼈으나 두려워서 죽지는 못했다. 죽을 수 없으니 다시 살아가야 했다. 나는 결코 현실에서 벗어날 수 없다는 것을 알지 못하고 영화 속에서 영원히 살려고 했던 원죄에 대한 책임을 지고 힘겹게 버티며 살아가야 했다.

나와 함께 영화를 봤던 지인들과 친구들은 나보다 훨씬 현명했다. 수많은 영화를 나와 같이 보면서도 영화와 현실과의 적절한 균형감을 잃지 않아서였었는지 몰라도 세월이 흘러 그들 중 몇몇은 어느새 영화평론가가 되거나 영화감독이 되어 있었고, 그렇지 않은 경우에도 영화와 관련된 다양한 일들을 잘하고 있었다. 오로지 나만 제자리걸음을 하고 있었다.

물론 나도 영화제에서 일을 했고 아주 가끔 매체에 글도 썼으나 코엔 형제의 〈파고〉를 보고 영화감독이 되고 싶다는 마음을 처음 가진 때의 내가 꿈꾸던 미래에 비해서 초라하기 짝이 없는 수준이었다. 이럴 거였으면 애초에 내가 왜 그리 영화에 미쳤었던가 후회가 될 정도로 말이다. 애초에 내가 정상적인 상태에서 영화에 매혹된 것이 아니었기에 첫 단추부터 잘못 낀 것 같다는 생각은 든다. 그런데 영화에 본격적으로 빠져들었을 때 영화감독이나 영화에 대한 글을 쓰는 사람이 되고 싶다는 생각은 있었으나 사심은 없었다. 정말 순수한 마음으로 영화를 사랑했다고 자부할 수 있다. 그것만으로는 결코 세상을 살아갈 수 없다는 것을, 세상은 그 이외에 나에게 다른 것도 요구하고 있었다는 것을 알게 된 것은 내가 현실과 직접 부딪히면서 괴로워하며 세상이 냉정하다는 것을 깨달았을 때이다.

영화 속에서 영원히 살 수 없다는 것을 깨닫고 다시 현실로 돌아왔으나 이제는 현실 부적응자로 사는 게 괴로워 또다시 자살을 꿈꿨다. 그러는 사이 다시 영화로 돌아와, 그 속에서 영원히 살 수 없음을 알면서도 마치 그럴 수 있는 것처럼 부질없는 꿈을 꾸는 나를 볼 때마다 다시 〈현기증〉을 떠올릴 수밖에 없었다. 내가 볼 때 〈현기증〉은 환상에서 결코 빠져나올 수 없는 남자를 그린 가장 강력한 영화이기 때문이다. 그런 면에서 이 작품은 히치콕 스스로가 본인의 처지를 자조하고 있는 영화로 보이기도 한다. 이때 내가 〈현기증〉을 떠올리게 되는 것은 단순히 이 영화를 좋아하는 감정이라기보다 내가 영화라는 대상과 맺고 있는 애증의 감정일 거라고 본다.

나보다 훨씬 어린 필자들이 쓴 영화에 대한 훌륭한 글들이나 내 주변 사람들이 만드는 영화들을 보면서 절망감을 느끼는 현실이지만 여전히 나는 영화에서 벗어나기가 힘들다. 적어도 현재까지는 벗어날 방법을 모르겠다. 이제 영화 말고 다른 일을 하는 것도 쉽지 않은 상황이지만 실제로 관심사가 기독교를 제외하면 영화밖에 없다고 해도 과언이 아니다. 결국 어떻게 됐든지 영화로 살아남아야 하는 상황이라고 볼 수밖에 없을 것 같은데 경쟁자들은 너무 막강하고 나는 턱없이 부족하다. 이런 영화에 대한 양가적인 감정 사이에서 괴로워하며 내가 사랑하는 〈현기증〉을, 그 강력한 환상을 때려 부수고 싶을 때도 있지만 그럴수록 현실은 나를 집어삼키고 점점 환상의 힘은 강력해진다.

영화에 대한 애증의 감정을 가지고 살아가는 가운데 2016년 1월에 아버지도 세상을 떠났다. 그렇게 애증은 더 깊어져만 갔다. 부모님이 살아 계실 때 영화에 미쳐있었던 나는 두 분께 효도 한번 제대로 못 하고 두 분을 떠나보내야만 했다. 솔직히 부모님에게 애증의 감정이 있었던 것은 사실이지만 두 분이 말년에 내게 보여주었던 진심은 두 분이 나를 얼마나 사랑했는지 깨닫게 했고 뒤늦게나마 회한의 눈물을 흘렸다.

2016년 8월 25일에 켄트 존스의 〈히치콕 트뤼포〉라는 히치콕에 관한 다큐멘터리 개봉 기념으로 CGV에서 히치콕의 걸작들을 모아서 상영하는 기획전이 열렸다. 상영작 명단에 〈현기증〉이 포함되어 있었다. 이 영화를 생각하면 복잡한 감정에 사로잡히는 게 사실이지만 여전히 너무 사랑하는 작품을 볼 생각에 나는 뛸 듯이 기뻤다. 〈현기증〉 상영이 여러 번 잡혀 있었다. 내가 왜 그런 생각을 했는지 논리적으로 설명할 수는 없지만 나는 이번 기회에 이 영화와 끝장을 보겠다는 마음으로 가능한 만큼 반복해서 극장에서 이 영화를 보겠다고 결심했다. 이미 나는 〈현기증〉을 12번 정도 본 상태였다. 그런데 앞으로 히치콕 영화들을 상영할 기회가 있더라도 그 기획전만큼 여러 번 〈현기증〉을 상영하는 것은 불가능하다는 것을 알고 있었다. CGV 히치콕 기획전에서 상영하는 〈현기증〉은

디지털 복원판이었는데 그때까지 나는 디지털 복원판으로는 이 영화를 보지 못한 상태였다.

마침 잡지 《쿨투라》에서 원고 청탁이 들어왔고 나는 〈현기증〉에 관한 글을 쓰기로 했다. 이미 수많은 평이 있고 수없이 연구된 이 영화에 대해서 솔직히 글을 잘 쓸 자신은 없었다. 그런데 영화에 대한 글을 쓸 기회가 주어진 상황에서 이번만큼은 도저히 지나칠 수가 없었다. 아마도 이 영화에 대한 복잡한 감정 때문이었던 것 같다. 예전부터 이 영화와 관련된 실험적인 영상물이라도 만들어보고 싶었던 나이기에 이 영화에 대해 뭐라도 남겨야 한다는 강박관념이 강력하게 작용했기 때문인지도 모른다.

애초 〈현기증〉에 관한 글은 작년에 실릴 예정이었으나 어떤 이유로 인해 미뤄졌고 미뤄진 시간만큼 나는 〈현기증〉을 보고 또 보면서 이 영화에 대해 고민할 시간을 가질 수 있었다. 나는 히치콕 기획전을 시작으로 올해 서울아트시네마에서의 상영까지 총 12번 〈현기증〉을 관람했고 집에서 자막 없이 한 번 더 보았다. 그렇게 13번을 몰아본 탓에 〈현기증〉은 내가 지금까지 가장 많이 본 영화가 되고 말았다. 총 25번이나 이 영화를 보게 된 것이다. 그런데 그것도 모자라 대략 작년 9월부터 11월까지 귀가하면 〈현기증〉 블루레이 파일을 거의 매일 같이 올려놓고 있었다. 심지어 자동 반복 기능으로 밤새도록 틀어놓고 있었다. 어떤 때는 소리 없이 보거나 그냥 놔둔 적도 있었다. 영화를 안 보고 다른 일을 하고 있을 때도 이 영화는 재생되고 있었다. 그래서 밤에 자고 아침에 눈을 뜨면 내 눈앞에서 이 영화의 마지막 장면이 펼쳐질 때가 많았다. 내가 아버지와 수년간 살았던 정든 집을 떠나면서 이사 갈 짐을 쌓아놓은 상태에서 마지막까지 봤던 유일한 영상도 〈현기증〉이다. 심지어 이사 간 집에서 처음 봤던 영화도 〈현기증〉이다. 이건 정말 미친 짓이었다. 극장에서 상영되는 〈현기증〉 디지털 복원판과 집에서 반복 재생해놓았던 디지털 복원판이 같은 것이었기 때문이다.

그렇게 따진다면 굳이 극장에 가서 이 영화를 보지 않아도 되는 상황이었다. 밤새도록 〈현기증〉을 반복 재생해놓는다고 해서 글이 더 잘 써질 거라고 믿는다면 그건 미신에 가까울 것이다. 사전을 외우기 위해 종이를 씹어먹는다거나 배우들이 대사를 외우기 위해 대본을 머리맡에 두고 자는 행동과 비슷하다고나 할까. 그런데 나는 그 당시 복잡한 감정을 품은 채 어떤 절박함 속에서 그 미친 짓을 멈출 수가 없었던 것 같다. 글쓰기와는 별도로 적어도 내가 왜 이렇게 이 영화를 사랑하는지에 대한 이유를 스스로 알고 싶었으며 〈현기증〉의 인물들에게 빙의가 되어서라도 절절하게 그들의 감정을 느껴보고 싶었던 마음이 있었던 것 같다. 그것 역시 미친 짓이었다고 볼 수도 있을 것 같지만 말이다.

그런 노력 탓이었는지는 몰라도 이 영화를 보면서 난생처음 딱 한 번 스코티에 완전히 빙의하는 순간이 있었다. 이 영화에서 내가 가장 좋아하는 장면인데 아마도 이 영화를 좋아하는 많은 사람도 그럴 것이다. 영화의 후반부에서 스코티가 죽은 매들린과 완전히 똑같은 모습으로 변한 쥬디와 마주 보는 장면이다. 이 장면에서 욕실 문을 열고 매들린으로 변한 쥬디가 등장했을 때 나는 마치 내가 스코티가 된 듯 감동에 겨워 눈에 눈물이 맺혔다. 전에는 그런 적이 없었기에 그런 나를 보면서 나도 좀 놀랐다. 그 장면을 보면서 돌아가신 어머니 생각도 났던 것 같다. 글을 잘 써보기 위해 이 영화를 재관람할 때마다 이전과는 다른 것을 하나라도 더 발견하려고 필사적으로 애썼다.

당시에 내가 이 영화에 얼마나 미쳐있었는지를 알 수 있는 일도 실제로 있었다. 초록색을 볼 때면 곧바로 이 영화 속에서 초록색 옷에 초록색 차를 몰고 다니는 매들린이 떠올랐고, 한 번은 현실에서 어떤 여성을 다른 여성과 혼동하는 일까지 벌어졌다. 실제로 아무런 도움이 안 되었을지는 몰라도 내 딴에는 〈현기증〉을 조금이라도 더 이해하려고 이런 미친 짓을 했던 게 아닌가 싶다. 오로지 〈현기증〉 하나에만 집중하기 위해서 말이다. 도날드 스포토, 로빈 우드와 찰스 바가 쓴 〈현기증〉에 관한 글들도 읽었다. 유튜브에 올라온 〈현기증〉 분석 영상도 보았다. 주변 지인들의 〈현기증〉에 대한 의견들도 자세히 참고하였다. 그러면서 조금이라도 이 영화에 대해 나만의 의견이 담긴 글을 쓰려고 노력했다. 스물다섯 번이나 이 영화를 본 사람으로서 부끄럽지 않은 좋은 글을 쓰고 싶은 마음이 간절했다.

이미 이 영화에 대한 많은 분석이 나와 있는 상황에서 나만의 독창적인 글을 쓴다는 것은 정말 쉽지 않았다. 결국 나는 나의 한계를 인정해야만 했다. 그런데 이 영화에 관해 쓰겠다고 말을 해놓은 이상 포기할 수는 없었고 고민 끝에 이 영화가 높게 평가받는 이유 중의 하나라고 생각하는 메타 영화로서의 〈현기증〉에 대한 글을 쓰기로 했다. 무엇보다도 나에게 이 영화가 절실하게 와닿았던 게 바로 〈현기증〉이 '영화'에 관한 영화라는 해석이었으므로 나에게는 의미가 있었다. 결과적으로 아주 독창적인 글은 아니었으나 결국 단편적인 영화 소개 차원의 글보다 조금 나은 정도라고 봤을 때 메타 영화로서의 〈현기증〉으로의 접근은 적절한 것으로 보였다. 이런 과정을 통해 아쉽게나마 글이 완성되었고 내가 나의 실력 부족을 전제로 한다면, 이 정도면 나름 해피엔딩으로 갈 수 있는 상황이었다.

그러나 불행하게도 글을 완성하는 과정에서 나에게는 슬픈 일이 생기고 말았다. 나는 초고를 거의 완성한 상황에서 왠지 불안한 마음에 지인 몇 명에게 글에 대한 모니터링을 부탁했는데 그중에 꽤 가깝게 지내던 지인이 있었다. 그런데 그녀가 이 글을 모니터하는 과정에서 나와 연락을 끊어버리는 사태가 발생한 것이다. 한때 매체에 영화 글을 기고하기도 했던 그녀와는 상당히 오랜 기간 알고 지내는 사이였다. 우리는 주로 영화에 관한 얘기를 많이 나눴고, 그녀는 언제나 나를 응원해주었다. 그렇게 오랫동안 지속되었던 우호적인 관계가 〈현기증〉에 관한 글로 순식간에 깨지게 된 것이다. 애초에 그녀에게 모니터링을 부탁한 것이 잘못이었다. 그녀는 〈현기증〉을 별로 좋아하지 않았기 때문이다. 진작 그것을 눈치챘어야 했는데 일이 터지고 나니 그녀에게 미안하고 너무 후회스러웠다. 그녀와 문자로 대화를 주고받으며 내가 쓴 글이 기존의 것의 재탕에 불과하고 새로운 내용은 별로 없다는 말을 들었다.

그리고 그녀는 내가 〈현기증〉이 훌륭한 작품이라고 자신에게 강요하고 있다고 느꼈던 것 같다. 이 영화에 대해 좋은 글을 써야 한다는 강박관념이 작용하고 있었기 때문인지는 몰라도 나는 그녀에게 내 의견을 밝히기 위한 장문의 문자를 보냈고, 그녀는 〈현기증〉이 역겹다는 말까지 하면서 나를 차단해버렸다. 나는 곧바로 상황을 파악하고 그녀에게 사과 문자를 보냈으나 이미 때는 늦어버렸다. 생각지도 않았던 상황이 벌어져서 너무 속상한 가운데 이런 일로 두텁다고 느꼈던 관계를 한 순간에 정리해버린 그녀를 이해할 수 없어서 그녀가 원망스러웠다. 나는 늘 그녀를 아꼈고 더 이상 영화 관련 일을 하지 않는 그녀지만 재기를 바랐었다.

그런데 그 일을 가만히 되짚어 생각해보는 과정에서 나는 갑자기 소름이 끼쳤다. 마치 스코티가 쥬디에게 그의 의견을 강요하며 폭력을 행사했던 것처럼 현실에서의 나도 그녀에게 부지불식간에 내 의견을 강요하며 폭력을 행사하고 있었다. 그런 생각을 하게 되니 그녀에 대한 원망은 점차 사라지고 뼈 아픈 후회만 남게 되었다.

내가 〈현기증〉에 대한 글을 쓰고자 했던 건 한편으로는 이 영화에 관해 정리하고 이 영화를 떠나보내고자 하는 의도도 있었는데 마치 영화가 현실로 옮겨진 것만 같은 일이 터짐으로써 또다시 이 영화는 나에게 깊이 각인되는 결과를 낳고 말았다. 앞으로 그녀를 떠올릴 때면 자연스럽게 이 영화가 떠오를 것이 분명하기 때문이다. 차라리 내가 〈현기증〉에 대해 지금보다 훨씬 좋은 글을 쓰는 과정에서 그런 일이 생겼다면 지금보다는 덜 속상했을 것이다. 이런 슬픈 일을 겪은 끝에 완성된 글은 결국 《쿨투라》에 실렸다. 나는 아무에게도 그 사실을 말하지 않았다. 결국 만족할 만한 글을 쓸 수 없었던 자신이 부끄럽고 매우 실망스러웠기 때문이다. 아마도 그녀와의 사건도 영향을 미쳤을 것이다. 나는 또다시 좌절을 맛봐야만 했다. 내가 이 글을 쓰기로 마음먹었던 것도 어쩌면 그녀에게 용서를 구하고 싶은 마음 때문이었는지도 모르겠다. 스코티가 쥬디를 잃었듯이 나도 그녀를 잃었다.

〈현기증〉에 관한 글이 잡지에 실린 뒤에도 극장에서 특별 상영 형식으로 〈현기증〉을 몇 번 더 상영했으나 나는 영화를 보러 가지 않았다. 한번은 보러 갈까 했다가 다른 일 때문에 결국 보지 않았다. 집에서도 아직 보지 않고 있다. 앞으로 내가 어떤 영화에 대한 글을 쓰게 되더라도 〈현기증〉에 대한 글을 쓸 때처럼 밤새도록 글을 쓸 영화를 틀어놓고 있거나 극장에서 12번을 몰아본다거나 하지는 않을 것 같다. 그건 정말 미친 짓이었다. 이런 말은 해볼 수 있을 것 같다. 그것이 비록 옳은 방식은 아니었을지라도 나처럼 한 영화를 이렇게 절절하게 사랑한 사람이 과연 존재했을까. 적어도 내 주변에서는 한번도 못 봤던 것 같다. 나만큼 영화와 애증의 관계로 점철된 사람도 과연 있을까. 아마도 드물 듯싶다. 나만큼 영화가 지닌 환상의 힘이 인간을 거의 파멸의 지경으로 몰아갈 수 있음을 느껴본 사람도 별로 없을 것이다. 그럴 일은 없겠지만 아마도 이런 주제로 영화가 만들어질 거라면 내가 직접 연출을 하던가 혹은 기꺼이 많은 조언을 할 수 있을 것 같다. 그런데 나는 이런 상황들에 대해 하나도 의도한 바가 없다. 그냥 자연스럽게 내 삶이 이렇게 흘러왔을 뿐이다.

나는 지금까지 수많은 환상 속에서 살아왔다. 앞으로 영화 쪽 일을 지속 할 수 있을지는 요원한 상황이고 당장 나는 생존의 문제에 봉착해있다. 정말 이렇게 될 줄 알았으면 아무런 꿈도 꾸지 말고 그냥 영화를 좋아하는 관객에 머물렀어야 했다. 앞으로 생존하기 위해서는 현실과 맞부딪혀야 한다. 그러려면 나는 내 주변에 있는 환상들을 깨부숴버려야 한다. 〈현기증〉은 영원히 내가 사랑하는 영화 중의 한 편으로 남겠지만 현실에서 나는 스코티에 더 이상 머물러선 안 된다. 물론 앞으로도 나는 영화를 볼 것이다. 하지만 더 이상 지금과 같은 방식으로 지속되는 것은 막아야 한다. 〈현기증〉의 마지막 장면에서 히치콕은 스코티가 망연자실한 표정으로 쥬디가 떨어진 종탑 밑을 바라보는 모습을 보여주면서 영화를 끝맺고 있다. 그런데 사실 스코티가 환상에서 빠져나오려면 그 종탑에서 뛰어내려야 한다. 그렇지 않다면 스코티는 영원히 환상 속에서 벗어날 수 없을 것이기 때문이다. 어쩌면 스코티에게 영화가 끝난 후의 삶이 있었다면 종탑에서 뛰어내렸을지도 모른다. 지금의 나도 그렇다. 나도 이제 살기 위해서는 종탑에서 과감히 뛰어내려야 한다.

(2017. 12. 31)

홍상수 감독과의 우연한 만남

〈생활의 발견〉(2002)이 개봉하기 얼마 전, 나는 시사회에서 이 영화를 보았고 며칠 후 씨네씨티 극장에 〈뷰티풀 마인드〉(2001)를 보러 갔었다. 거기서 우연히 사은품 부스를 발견하고 사은품을 받을 생각으로 어느 헬스클럽을 무료로 2주 동안 이용할 수 있는 자격을 주는 응모권을 작성했다. 그리고 사은품으로 열쇠고리를 받았다. 그 후로 응모한 사실도 까마득히 잊어버린 채 지내고 있었는데 전화가 왔다. 발신자 번호가 모르는 사람의 것이라 망설이다가 전화를 받으니까 '샐리'라는 예명을 가진 여성이 내가 헬스클럽 2주 이용권에 당첨되었다는 소식을 전해주었다. 전혀 생각지 않았던 당첨 소식에 당황한 나머지 나는 헬스클럽 이용 여부를 묻는 샐리에게 다시 연락하겠다고 말했다. 내가 당첨된 헬스클럽은 압구정에 있는 '캘리포니아 피트니스 클럽'이었다.

정오에 버스가 이윽고 압구정동 키네마극장 앞에 도착했

다. 캘리포니아 피트니스 클럽은 키네마극장에서 몇 미터 안 되는 거리에 자리하고 있었다. 나는 버스에서 내리면서 정면을 응시했다. 그런데 바로 앞에 어디선가 본 듯한 사람이 눈에 띄었다. 홍상수 감독이었다. 내가 위치한 곳으로부터 불과 3미터(!) 떨어진 거리에 있는 카페 마당의 테이블에서 내 쪽을 바라보고 있었다. 나는 그 순간, 마치 내가 지금 홍상수 감독을 만나러 여기에 온 것으로 착각했다. 누구나 그랬을 것이다. 길거리에서 서로 지나친 것도 아니고 멀리서 본 것도 아니고 마치 나를 기다리고 있었다는 듯이 버스에서 내리자마자 홍상수 감독과 정면으로 마주친 상황에서 누군들 그런 생각을 하지 않았겠는가.

헬스클럽 2주 이용권에 당첨된 것은 홍상수 감독과의 만남을 위해 미리 준비되었던 것처럼 느껴졌다. 나는 마음을 가다듬기 위해(?) 잠시 고개를 밑으로 떨군 채 손수건을 꺼내 안경을 닦았다. 안경을 깨끗이 닦은 후 감독과 대화를 나눌 생각으로 즉시 홍상수 감독이 앉아있는 쪽으로 걸어갔다. 인상은 전과 별로 달라 보이지 않았다. 사실 나는 전에 시사회장이나 감독과의 대화 시간에 그를 본 적이 있었다. 콧수염을 기르고 파란 점퍼(잘 기억나지 않는다)의 간편한 옷차림에 무언가 깊은 상념에 잠겨 있는 듯한 모습이었다. 테이블 위에는 메모지와 펜이 올려져 있었는데 메모지에는 무언가 긁적거린 흔적이

있었다. 아마도 새로운 작품의 시나리오를 구상 중이거나 화
창한 봄날의 거리에서 떠오르는 인상들을 기록한 것이리라.
홍상수 감독은 일행 없이 혼자였다. 내가 다가갔다.

혹시 홍상수 감독님 아니세요?
예, 그런데요.
제가 감독님 팬이거든요.
아, 그러세요.

나는 맞은편 빈 의자를 슬쩍 보고 말했다.

감독님, 잠깐 앉아도 될까요?
그러시죠.

그와 마주 보고 자리에 앉은 나는 순간적으로 무슨 대화를
할까 고민하다 그냥 떠오른 대로 이야기하기로 마음먹었다.

감독님, 여기에는 어쩐 일이세요?
아, 누굴 좀 만나러 와서 기다리는 중이에요.
댁이 이 근처이신가 보죠?
예, 뭐, 가까운 편이죠.
근데, 저를 어떻게 알아보셨죠?

나는 웃음 띤 얼굴로 대답했다.

제가 원래 유명 인사의 얼굴을 잘 알아보는 편이거든요.

유명 인사는 무슨….

사실은 제가 전에 감독님을 본 적이 있거든요. 예술의 전당에서 〈강원도의 힘〉(1998)을 보고 감독과의 대화를….

예술의 전당이요? 아, 거기 있는 영상 자료원 말이군요.

예, 맞아요. 그때 제가 질문도 했었고요. 〈오! 수정〉(2000) 시사회에서 영화 보고 감독님께 사인받고 거기 씨네코아 근처에서 열린 기자회견에도 따라갔었거든요.

아, 그 정도면 저를 알아볼 만하군요.

그러자 대뜸 내게 물었다.

무슨 일 하세요?

아, 저 지금 공익 근무 요원이에요.

오늘은 근무 안 하세요?

아, 오늘은 휴가 냈거든요.

아, 예….

나는 이러다 침묵으로 이어질까 두려워 바로 말을 이었다.

감독님, 저 〈생활의 발견〉도 봤거든요. 시사회로요.

흥미롭다는 표정으로 내게 되물었다.

영화 어떠셨어요?

예, 뭐, 제가 감독님 전작들도 다 보았었는데요. 이번에 너무 기대해서 그런지… 전작들과 비슷했지만 여유로워지셨고 재미 있었는데 마지막 장면이 되게 씁쓸해서 저 그날 잠도 좀 늦게 잤어요.

그는 선뜻 이해되지 않는다는 듯,

그 장면이 왜 씁쓸하다고 느끼셨죠?

순간 나는 당황했다. 그런 질문은 예상치 못했기 때문이다.

제가 감독님 전작들을 보았을 때도 그런 기분이 든 적이 없었 는데 이상하게도 이번 영화가 씁쓸했는데요. 논리적으로 설명 을 할 수는 없을 것 같고요. 비 오는데 집 앞에서 경수가 쓸쓸하 게 걸어가는 게 되게 씁쓸하더라고요.

나는 거의 횡설수설하면서 말을 이어갔다.

영화를 보면서 경수랑 제가 비슷하다고 느꼈거든요. 소심(?)하고 내성적(?)인 게… 그래서 동화되었었나 봐요. 〈오! 수정〉에서 정보석 캐릭터도 저랑 비슷하다고 생각했고 같이 영화를 보았던 사람들도 저와 비슷하다고 말했었거든요….

그러자 그가 연한 웃음을 지어 보였다. 나도 덩달아 웃음을 지으며 안도의 한숨을 쉬었다. 그리고 다시 용기를 내어 평소에 물어보고 싶었던 질문을 던졌다.

감독님, 사실 저도 영화 연출이 희망 사항이거든요. 전에도 들은 적 있지만 감독이 되고자 하는 사람에게 해주실 수 있는 얘기가 있으시다면 어떤 게 있을까요?

뭐, 크게 할 얘기는 없고요. 영화 안 해도 행복할 수 있으니까 굳이 영화를 권하고 싶지는 않네요. 제가 볼 때 영화는…, 운명인 것 같아요. 어떻게 하다 보니까 이렇게 되더라고요. 영화를 하게 되면 겪게 되는 어려움들이 있는데 그것들을 감수하고도 영화를 하면서 행복을 찾을 수 있다면 영화를 하는 것이고 그렇지 않을 때는 그만두는 게 낫겠죠. 그것 말고도 행복할 수 있는 길은 얼마든지 있으니까요. 그리고 인정받을 때까지 참고 기다리고 꾸준히 해보는 것도 중요할 것 같아요.

감독님, 저는 감독이 되기 위해서는 경험도 필요하고 책도 많이 읽어야 한다고 알고 있는데요. 사실 저는 미흡하거든요.

열심히 한번 해보세요. 일단 뭔가 빨리 해보는 게 좋을 것 같아요. 연출부에 들어가던지, 단편영화를 제작하거나, 아니면 시나리오를 써보던지…. 그렇다고 마냥 그렇게 살 수도 없는 거니까 2년이면 2년 기간을 정해놓고 해보는 것도 좋아요. 자기 스스로 테스트해보는 게 필요하겠죠.

나는 좀 더 구체적인 답변이 듣고 싶어서 다시 질문했다.

감독님, 저는 영화 만드는 데는 재능이 필요하다고 생각하거든요. 그런데 아직 검증받은 적이 없어서요.

그러니까 뭔가 빨리 해보시라는 거예요. 모든 것을 예측할 수는 없어요. 그런 생각은 버리세요. 제가 경험해보니까 열심히 하는 과정에서 스스로 느끼게 되는 것들이 있더라고요. 그 과정에서 스스로 할 수 있겠다, 없겠다 판단이 생기기 시작하고 사람들에게 인정도 받게 되고요. 일단 뭔가 저질러봐야 해요. 그러나 너무 크게도 적게도 하지 말고 적당하게, 아까도 말씀드렸지만, 기간을 정해서 해볼 필요가 있어요.

그 말을 듣고 나니 홍상수 감독은 스스로 재능이 있다고 생각하는지가 궁금해졌다.

그러면 감독님은 본인 스스로 재능이 있다고 생각하세요?

제가 스스로 재능이 있는지는 알 수 없지요. 남들이 재능이 있다고 하니까 아, 나에게 재능이 있나 보다 하는 거지요. 뭐, 그런 건 있어요. 제가 영화를 네 편 정도 찍어 보니까 이 정도는 할 수 있겠다, 스스로 판단이 서는 부분들은 있지요. 제가 볼 때 기질인 것 같아요. 이를테면 저는 장르 영화는 만들지 않아요. 장르 영화보다는 다른 것을 해보고 싶은 호기심이 더 강하기 때문이죠. 그러니까 위험을 감수해서라도 다른 것을 하는 거예요. 호기심보다 불안감이 더 크다면 안전한 길을 택하겠지만요.

어느 정도 원하던 답을 얻은 나는 다시 〈생활의 발견〉을 보던 중 궁금했던 장면에 대해 질문했다.

감독님, 〈생활의 발견〉을 보면서 궁금했던 것이 있는데요. 경수가 뭔가를 쓰고 감에 실을 매달아 같이 땅바닥에 버렸잖아요. 저는 그것을 추상미가 주워서 읽고 있었다고 생각했는데 다른 사람들은, 추상미는 책을 읽고 있었지, 그거 안 읽었다고 하더라고요. 그러면 그거 도대체 어떻게 된 거예요?

아, 그거요. 그거 그냥 버린 거예요.

예? 그냥 버렸다고요? 남편이 집어 가게 놔둔 게 아니고요?

예. 경수 본인도 쓰고 보니까 웃겨서 그냥 버린 거예요. 누구 보라고 놔둔 게 아니고요. 그 길이 추상미 집 앞의 길이 아닌데 모르셨어요? 잘 보시면 추상미 집, 골목은 좁잖아요. 거긴 다른 데예요.

아, 그렇군요. 저는 언덕에서 경수가 남편을 보고 있었잖아요? 그래서 그것과 연결해서 그렇게 생각한 것인데….

그가 웃으면서 말을 이어받았다.

그거 그냥 버린 거예요. 제가 좀 더 설명했었어야 했는데….

아, 아니에요. 그럴 수도 있죠.

나는 곧바로, 이번 작품의 경수라는 인물에 대한 의견을 물었다.

감독님, 이번 작품의 경수와 감독님의 실제 모습이 닮았다는 말이 많은데요. 감독님은 이 의견에 대해 어떻게 생각하세요?

그가 멋쩍은 듯이 웃으며 답했다.

뭐, 비슷하다고 볼 수도 있지만 조금만 더 들여다보면 실제 론 아주 다르죠. 제가 대사를 직접 쓰니까 비슷할 수밖에 없죠. 경수 한 명뿐만이 아니라 모든 캐릭터에 제가 들어있다고 볼 수 있죠. 우리나라에는 자전적인 경향의 작품이 드물어서 유독 저에게 그런 말이 나오는 것 같아요. 확실히 닮는 것 같아요. 같이 작업하면서 말이죠. 근데 이제 시간이 다 되어서 올라가 봐야 할 것 같네요.

나는 아쉬운 마음으로 재빨리 한 가지 질문을 더 던졌다.

감독님, 사실 저 감독님 연출부도 해보고 싶은 생각이 있는데 요. 제가 술을 안 마셔서 어떻게 될지 모르겠네요.

그는 웃으면서 대답했다.

그런 거 없어요. 술 안 마신다고 연출부 못하는 것은 아니에 요. 그러나 영화에 대해 어느 정도 알아야겠죠. 장난치는 것은 아니니까요. 아무래도 제작진끼리 잘 맞아야겠고요.

그러면 저도 해볼 수는 있겠네요. 그렇다면 감독님 연출부에 는 어떻게 들어갈 수 있어요?

뭐, 광고를 낼 때도 있고….

(이 부분이 중요한데 정말 생각이 안 난다. 그리 길지 않은 답변이었다.)

감독님, 우리나라는 영화판에 술자리가 많다고 들었거든요. 그래서 망설여지는 부분이 있는데...

영화판뿐만이 아니라 한국 사회가 술자리가 많죠.

홍상수 감독은 가방을 챙기고 일어날 준비를 마쳤다.

이제 약속 시간이 되어서 가 봐야겠네요.

제 이름이라도 말씀드릴게요.

예, 그러시죠.

제 이름은 한상훈입니다.

내 이름을 듣고 홍상수 감독이 메모지에 그 특유의 흘림체로 내 이름 석 자를 적었다. 그리고 우리는 함께 일어나서 악수했다.

감독님, 다음에 만나게 되면 인사라도 드릴게요.

예.

그가 얼굴에 미소를 띠었다. 그리고 인사를 나누고 감독과 헤어졌다. 헬스클럽을 향해 몇 걸음을 걷다가 문득 방금 그와 대화를 나눴던 장소가 생각나 뒤돌아보았다. 좀 전에 그 자리에는 아무도 없었다.

그의 여성스럽다고까지 느껴지는 조용하고 침착한 말투, 친절하게 답변하던 모습이 생각났다. 나는 피식 한번 웃고 다시 목적지로 발걸음을 재촉했다. 내가 홍상수 감독과 헤어진 후 뒤돌아보았던 것은 그때 내 앞에서 벌어졌던 일들이 마치 홍상수 영화의 한 장면처럼 느껴졌기 때문이었다. 별로 알맹이가 없어 보이는 대화를 나눈 것도 그렇다.

나는 홍상수 감독이 다음 작품을 만들 때 나와의 우연한 만남의 기억을 작품에 반영하면 좋겠다는 기대도 해보았다. 영화와 삶의 경계가 이토록 나에게 모호해진다면 그것은 신비일까, 아니면 비극일까.

류이치 사카모토를 찾아서

류이치 사카모토가 부산국제영화제 개막식에서 공연을 한다는 소식을 들었을 때다. 그 해 개막식은 어떻게든 가서 봐야만 했다. 왜냐하면 류이치 사카모토는 돌아가신 부모님에 대한 기억과 떼려야 뗄 수 없이 연관되어 내 삶 속에 깊게 각인되었기 때문이다.

아마 1988년이었던 것으로 기억한다. 부모님과 나는 함께 대한극장으로 베르나르도 베르톨루치의 〈마지막 황제〉(1987)를 보러 갔었다. 당시 〈마지막 황제〉는 아카데미 작품상, 음악상을 비롯해 9개 부문 수상의 화제작이었고 아마 그런 이유로 부모님이 그 영화를 보고 싶어 하셨던 것으로 기억한다. 나는 이 영화의 오프닝 크레딧에서 흘러나오는 음악에서부터 압도당하기 시작해서 영화를 보는 내내 영화 음악에서 결코 헤어나오지 못했다. 결정타를 날린 건 영화의 마지막 장면이었다. 마지막 황제였던 푸이(존 론)가 이제는 평범한 중국 인민이 되어 자금성에 다시 와서 예전 자기가 앉았던 옥좌를 바라보다 어느 소년에게 어린 시절 작은 통에 넣어뒀던 귀뚜라미를 보여준 뒤 갑자기 사라져 버리는 신비로운 엔딩이었다. 영화는 푸이의 빈 옥좌를 보여주고 그대로 멈춰 선다. 그리고 그 이미지 위로 크레딧이 올라가기 시작하고 류이치 사카모토가 작곡한 주제음악도 그와 함께 흘러나오기 시작했다.

나는 그 음악을 들으며 하염없이 빈 옥좌를 바라보면서 큰 슬픔을 느꼈다. 아니 슬픔 이상의 감정이었다. 너무 북받쳐서 어찌할 바를 몰랐다. 몇 분 동안 음악과 함께 크레딧이 올라가는 동안 규정할 수 없는 오만가지 생각이 스쳐 지나가고 있음을 느꼈다. 그때까지 〈마지막 황제〉의 마지막 장면을 볼 때만큼 감동적인 장면이 없었던 것으로 기억한다. 최근에 더 놀라웠던 건 그 곡을 류이치는 불과 며칠 만에 급하게 완성했다는 것이다. 그 사실은 올해 개봉했던 〈류이치 사카모토: 코다〉(2017)를 통해 알게 되었다. 류이치 사카모토의 천재성이 빛을 발하는, 여러모로 놀라운 곡이 아닐 수 없다.

〈마지막 황제〉의 관람은 부모님과 집으로 돌아오는 차 안에서 일어났던 일 때문에 나에게 더 특별해지고 말았다. 귀가하는 길에 나는 뒷좌석에 타고 있었고 부모님은 앞자리에서 청나라의 역사에 관한 얘기를 서로 나누고 있었다. 그런데 갑자기 두 분이 언성을 높이며 다투기 시작했다. 분위기는 점점 험

악해졌고 급기야 아버지는 어머니에게 차에서 내리라고 소리까지 질렀다. 나는 그때 무슨 사고라도 나는 건 아닌가 싶어서 가슴이 조마조마했다. 다행히 상황은 수습이 되었고 무사히 귀가할 수 있었다. 이때의 기억이 나에게 깊게 각인된 이유는 차 안에서 벌어진 사건이 사실 내 유년기 삶의 축소판이나 다름없었기 때문이다.

당시 대학교수였던 어머니의 지성을 아버지는 결코 따라갈 수 없었는데 어머니에 대한 콤플렉스가 있었는지 몰라도 아버지는 어머니에게 논리로 밀릴 때마다 우격다짐으로 본인 생각만을 고집하곤 했다. 평소에도 두 분은 이런 식으로 자주 다퉜다. 이런 일까지 있었는데 내가 〈마지막 황제〉를 어떻게 잊을 수가 있었겠는가. 집에 돌아온 나는 피아노로 가서 한 손으로 〈마지막 황제〉의 마지막 장면에 나왔던 멜로디를 기억나는 대로 연주했다. 어머니는 내가 그 멜로디를 비슷하게 연주하는 것을 보더니 그걸 어떻게 외웠냐며 깜짝 놀랐다. 그날 이후로도 나는 자주 건반으로 〈마지막 황제〉의 멜로디를 따라했던 것으로 기억한다. 나는 심지어 어느 날인가는 〈마지막 황제〉의 그 주제곡을 들으면서 펑펑 울기까지 했다. 그렇게 〈마지막 황제〉는 내 인생의 영화 중의 한 편이 되었고 그 영화에 빠져드는 데 결정적인 영향을 미친 영화 음악을 작곡한 류이치 사카모토는 내 인생의 영웅 중의 한 명이 되었다. 그런 류이치 사카모토가 직접 피아노를 연주하는 자리에 나는 부모님에 대한 기억을 안고 과거의 나와 다시 대면하기 위해서라도 가야만 했다.

호금전의 걸작 무협영화인 〈협녀〉(1971)의 여주인공역을 맡았던 서풍, 필리핀 독립영화의 아버지인 키들랏 타히믹, 지아장커의 뮤즈인 자오 타오 등이 모습을 보였던 레드 카펫이 끝나고 갑자기 무대가 어두워지더니 무대 위에 설치되어 있던 피아노 쪽으로 조명이 비치면서 류이치 사카모토가 등장했다. 비가 부슬부슬 내리고 있었고 장내에는 여전히 관객들이 개막식장을 들락날락하고 있어서 다소 어수선한 가운데 류이치 사카모토의 피아노 연주가 시작되었다. 나는 최대한 무대에 집중하려고 노력하면서 그의 연주에 귀를 기울였다. 나에게는 류이치 사카모토의 연주를 실제로 듣는 역사적인 순간이었다. 총 두 곡이 연주되었는데 한 곡은 오시마 나기사의 〈전장의 크리스마스〉(1983)의 주제곡이고 나머지 한 곡은 부산에서 최초로 공개된 시즈노 코분의 〈안녕, 티라노 : 영원히, 함께〉(2018)에 나오는 곡이었다. 아쉽게도 내가 정말 듣고 싶었던 〈마지막 황제〉 주제곡은 들을 수 없었다. 그리고 좋은 자리를 구하지는 못해서 무대로부터 너무 멀리 떨어져 있어서 류이치 사카모토를 실제로 보고 있다는 실감이 별로 나지 않았다. 그 아쉬움을 달래기 위해서 나는 류이치 사카모토를 볼 수 있는 다른 기회를 찾아봐야 했다.

개막식 이외에 영화제 기간에 공식적으로 류이치 사카모토를 볼 수 있는 기회는 총 두 번이 예정되어 있었다. 〈안녕, 티라노: 영원히, 함께〉 GV와 핸드 프린팅 행사가 바로 그것이다. 차이밍량의 신작 〈너의 얼굴〉(2018) GV에 음악을 맡았던 류이치 사카모토가 깜짝 손님으로 등장했었다는 걸 나중에서야 알게 되었다. 판단 착오와 개인적인 사정으로 두 번의 GV에는 참석하지 못했고, 이제 류이치 사카모토를 눈앞에서 볼 수 있는 마지막 기회는 핸드 프린팅 행사였다. 그런데 벼르고 있던 핸드 프린팅 행사의 날짜를 착각하고 있다가 뒤늦게 깨닫고 택시를 타는 촌극을 벌이면서까지 행사 현장으로 찾아갔으나 이미 행사가 끝나고 류이치 사카모토는 행사장을 떠난 뒤였다.

바보짓을 한 내가 실망스러워서 견딜 수 없었다. 이대로 그냥 부산을 떠날 수는 없었다. 이 상태로는 스스로에 대한 실망감 때문에 남은 영화제 기간 내내 영화도 제대로 못 볼 것 같다는 생각이 들었다. 다음 날 나는 고민 끝에 첫 회 영화 관람을 포기하고 기적을 바라는 마음으로 류이치 사카모토를 찾아 나섰다. 나의 과거를 찾고 싶었기 때문이었을까. 부모님에 대한 그리움 때문이었을까. 이건 마치 아버지와 8년을 살던 집을 떠날 때 느꼈던 슬픈 감정과 비슷한 것이었다. 류이치 사카모토의 일정에 대해 전혀 모르고 있었기 때문에 이건 완전 도박이었다. 만나게 될 사람은 만날 수 있을 거라는 운명론적인 생각까지 하면서 걸어갔다. 류이치 사카모토를 못 만나게 되더라도 만날 시도라도 했으니 나로서는 후회가 없을 것 같았다.

그런데 기적이 일어났다! 나로서는 이걸 기적이라는 표현을 쓰지 않고는 도저히 설명할 수 없을 것 같다. 마치 내가 류이치 사카모토와 만날 약속이라도 있었던 것처럼 전혀 억지스럽지 않게 류이치 사카모토를 만났기 때문이다.

나는 그에게 당신의 음악 때문에 〈마지막 황제〉가 내 인생의 영화가 되었다고 간단하게 말했다. 그러자 그는 고맙다고 하면서 같이 사진을 찍을 때 나의 어깨를 토닥여주기까지 했다. 나로서는 너무 감사하고 감격스러운 순간이었다. 실제로 류이치 사카모토를 만났음에도 불구하고 정말 기대치 않은 상황에서 그를 만나는 꿈 같은 일이 벌어졌기에 그를 실제로 봤다는 사실을 실감할 수 없었다.

지금 글을 쓰면서도 실제 그를 만났던 게 맞는지 믿기지 않아 그때의 시간을 다시 떠올려보고 있다. 그와 함께 찍은 사진만이 내가 실제로 그와 만났었다는 걸 증명하고 있다. 앞으로도 잠시나마 류이치 사카모토를 만났던 꿈 같은 시간이 계속 꿈이었는지 현실이었는지 스스로 질문하면서 그때를 기억할 것이다.

무엇을 볼 것인가?
페드로 코스타 감독의 조언

미조구치 겐지의 〈수치의 거리〉(1956)를 떠올릴 때면 항상 기억나는 에피소드가 있다. 그것은 포르투갈의 거장 페드로 코스타 감독과 관련이 있다. 나는 2001년 광주국제영화제에서 페드로 감독을 처음 만났다. 그의 탁월한 장편 데뷔작인 〈피〉(1989)는 이미 다른 곳에서 봤고 광주국제영화제에선 〈뼈〉(1997)를 보고 GV에 참석했다. 영화제 기간 중 지인 덕분에 페드로 감독과 함께 식사하는 영광을 누릴 수 있었다. 그때 페드로 감독과 영화 이야기를 많이 나눴다. 정확하게 기억나지 않지만, 〈뼈〉의 마지막 부분, 아마도 주인공이 가스 밸브를 열어서 가스 소리가 들리는 장면이 있는데 그 이후에 주인공이 죽었다고 봐야 하냐고 페드로 감독에게 물으니 본인도 모른다면서 내게 되물었다. 그리고 내가 안드레이 타르코프스키의 영화를 좋아한다고 했더니, 왜 좋아하냐고 물어서 명상적이라고 답하니 존 포드의 영화가 더 명상적이라고 말해서 그때까지 포드의 영화를 거의 못 본 상태에서 좀 놀랐던 것으로 기억한다. 페드로 감독은 시네마테크에서 로베르토 로셀리니, 존 포드, 칼 드레이어의 영화들을 보았다고 했다. 그리고 페드로 감독이 나에게 오손 웰즈의 〈악의 손길〉(1958)을 봤냐고 물어서 내 의견을 밝혔더니 그 영화가 좀 모호하다고 말했던 것 같다. 페드로 감독은 로베르 브레송의 영화 중에는 〈어느 시골 사제의 일기〉(1951)를 가장 좋아한다고 말했고, 나에게 하스미 시게히코의 『감독 오즈 야스지로』와 오즈의 일기가 수록된 책, 그리고 국내에도 출간된 『나의 인생 나의 영화 장 르누아르』란 책도 추천했다.

대화를 마칠 즈음 다음 날 상영하는 영화에 관한 얘기가 나왔다. 그해 광주국제영화제에서는 국내 최초로 미조구치 겐지 회고전이 열리고 있어서 나는 미조구치 겐지의 〈수치의 거리〉를 볼 생각이었다. 페드로 감독에게 〈수치의 거리〉를 볼 예정이라고 말했더니 〈수치의 거리〉도 좋은 작품이지만 장 마리 스트라우브의 〈화해불가〉(1965)는 이번 기회가 아니면 보기 힘들 거라며 그 영화를 추천했다.

두 영화의 상영시간이 겹쳐서 나는 두 영화 중 어떤 걸 볼 것인지 결정을 내려야 했다. 당시까지 장 마리 스트라우브의 영화를 한 편도 보지 못한 상황이라서 망설이지 않을 수 없었다. 게다가 내가 좋아하는 미조구치 겐지의 유작을 볼 수 있다는 생각에 행복해하고 있던 참이었다. 그러나 그날 페드로 감독과의 대화도 너무 즐거웠고 페드로 감독을 신뢰하고 있었던 나는 고민 끝에 〈수치의 거리〉의 관람을 포기하고 장 마리 스트라우브의 〈화해불가〉를 선택했다.

다음 날은 국내 영화제에서 처음 상영된 스트라우브의 영화를 보는 역사적인 순간이기도 했다. 〈화해불가〉는 난해한 작품이었고 제목 그대로 관객과 화해가 불가능한 것으로 보였다. 졸음을 참으면서 겨우 끝까지 볼 수 있었다. 지금도 그 작품에서 기억나는 건 당구장 장면과 마지막 부분의 암살 장면밖에 없다. 러닝 타임은 〈수치의 거리〉보다 좀 짧은 편이어서 〈화해불가〉가 끝나고 〈수치의 거리〉를 보러 극장 안으로 들어갔다. 그 순간 처음 본 영화의 장면을 정확하게 기억하고 있는데 미키(교 마치코)를 찾아온 그녀의 아버지가 미키에게 집으로 돌아가자고 설득하는 시퀀스였다. 비록 중간부터 영화를 봤지만 재미있었고 마지막 장면은 매우 인상적이었다. 〈수치의 거리〉를 온전하게 모두 보게 된 것은 한참 뒤였다. 페드로 감독 덕분에 스트라우브의 영화를 처음 접했고, 〈화해불가〉는 그때 이후로 아직 한 번도 본 적이 없다. 그렇게 따지자면 그때 〈화해불가〉를 본 것이 다행스럽다.

2016년 필름으로는 〈수치의 거리〉를 일부만 본 상태인 나에게 이 영화를 극장에서 제대로 볼 수 있는 기회가 있었다. 그런데 그 시간에 다른 곳에서 오랜만에 내한한 페드로 감독의 행사가 잡혀 있었다. 페드로 감독의 행사에 가게 되면 〈수치의 거리〉를 또 볼 수 없게 된 상황이었다. 나는 이 상황이 뭔가 재미있는 것 같았다. 좀 신기하기도 했고 말이다. 한 번은 페드로 감독의 추천 때문에, 다른 한 번은 페드로 감독의 행사 때문에 〈수치의 거리〉를 극장에서 못 보는 운명(?)이었달까. 물론 최종 결정은 내가 하는 것이었지만 말이다. 그 당시 나는 고민 끝에 페드로 감독의 행사에 갔고 〈수치의 거리〉를 필름으로 보는 기회는 또다시 무산되었다. 내가 〈수치의 거리〉를 필름으로 온전히 감상한 건 2017년이었다.

광주국제영화제 이후로 더 재미있게 생각하는 건 장 마리 스트라우브의 〈화해불가〉를 볼 때까지는 전혀 파악하지 못했지만, 이후에 페드로 감독의 〈행진하는 청춘〉(2006)을 보고 페드로 감독이 장 마리 스트라우브로부터 영향을 받았다는 걸 알게 되었다는 사실이다. 그때 페드로 감독이 나에게 〈화해불가〉를 추천했던 이유를 분명하게 알 수 있었다. 장 마리 스트라우브와 다니엘 위예에 관한 다큐를 만들 정도로 페드로 감독은 스트라우브를 매우 좋아하니 말이다. 당시에 나는 〈피〉나 〈뼈〉를 보고 스트라우브보다는 브레송을 떠올렸었기 때문에 스트라우브와 페드로 감독과의 연관성은 알기 힘든 상황이었다. 페드로 감독이 광주에 왔을 당시에는 꽤 주목받는 감독이었다면 그 이후로 〈행진하는 청춘〉, 〈아무것도 바꾸지 마라〉(2009), 〈호스 머니〉(2014)를 발표하면서 명실상부한 우리 시대의 최고의 거장 중 한 명으로 인정받고 있으니 그때의 추억이 더 소중하게 느껴진다.

영화광은 어떻게 뱀파이어가 되는가?
박찬욱 감독과의 인연

박찬욱 감독을 알게 된 것은 돌아가신 어머니 덕분이었다. 어머니는 박 감독의 아버지와 친분이 있어서 박 감독의 결혼식에도 갔었고 박 감독 댁에도 다녀온 적이 있다고 했다. 박 감독 댁에서 봉준호의 〈괴물〉(2006) 시나리오를 봤다는 말씀도 하셨다. 어머니가 박 감독을 학과 특강에 초청 강사로 부른 적도 있었다.

너무 오래되어 정확하게 기억이 없지만 〈올드보이〉(2003)를 만든 직후쯤 나는 박 감독을 만날 기회가 있었다. 지인의 단편 영화 〈흡혈기〉(2004)에 주연인 뱀파이어로 내가 출연하게 됐는데 어쩌다 보니 그 단편에 박 감독도 함께 출연하게 되었다. 〈흡혈기〉는 나름 컬트가 될 만한 요소가 있었다. 정성일 평론가도 이 영화의 아이디어는 좋다고 말한 적이 있다. 이 단편에는 박찬욱 감독이 중요한 역할로 출연했고, 지금은 TV에도 출연하고 너무 유명해진 지인도 극 중 극장에서 영화를 보다가 나에게 목덜미를 물리는 역할로 출연했었다. 이 단편에 등장한 박찬욱 감독은 이런 말을 남긴다. "영화광들 세계에서는 삼십 세가 되기 전에 만 편의 영화를 보면 뱀파이어가 된다는 전설이 있는데 단, 그가 삼십 세가 되기 전에는 사랑에 빠지지 않아야 한다. 그런데 프랑수아 트뤼포의 경우는 삼십 세가 되기 전에 만 편의 영화를 봤음에도 사랑의 경험이 너무 많았기 때문에 뱀파이어가 되지 않았다."

나는 이 단편에서 잠에서 깨어나면 늘 영화만 보다가 결국 뱀파이어가 되는 남자로 출연했다. 극의 중간에 이 남자가 여성을 보고 수줍게 관심을 보이는 장면들이 있는데 약간 몬테이로의 영화와 닮았다. 내가 극장에서 혼자 프리드리히 빌헬름 무르나우의 〈노스페라투〉(1922)를 보는 뒷모습을 보여주는 장면도 있었다.

그렇게 어느 시점까지는 박 감독과 메일을 주고받기도 했고 특별히 따로 만난 적은 없었지만 내가 늘 영화를 자주 보러 다니다 보니 자연스럽게 마주치는 일은 수도 없이 많았다. 심지어 바흐 연주회에서 우연히 만난 적도 있다. 만나면 짧게라도 영화 얘기를 자주 나눴고 영화를 추천하기도 했다. 그러다가 몇 년 전에 내가 존 포드의 〈태양은 밝게 빛난다〉(1953)를 보고 SNS에 영화에 대한 글도 올리고 주변 지인들에게 그 영화를 마구 추천한 적이 있는데 그때 박 감독에게 그 영화를 추천했었다. 그런데 감사하게도 박 감독이 그 영화를 보러 왔다. 〈리틀 드러머 걸〉(2018)이 공개됐을 때는 박 감독이 표를 주어 극장에서 그 영화를 보는 호사도 누렸다. 어머니 덕분에 박 감독을 알았지만, 아직 제대로 자리를 잡지 못한 나는 조심스러운 마음이 들어서 늘 박 감독과의 관계에 있어서 감독과 팬의 관계를 유지해왔다. 언제 내가 박 감독과 차라도 한잔 마실 수 있는 위치에 갈 수 있을지는 모르겠으나 짧게나마 박 감독과 교류할 수 있었던 것이 어머니가 맺어주신 인연이라고 생각해서 앞으로도 그 인연을 소중히 하고 싶다.

〈헤어질 결심〉(2022)에 대한 해외의 평가 중에 이 영화가 히치콕의 〈현기증〉이나 클로드 샤브롤의 영화 그리고 왕가위의 〈화양연화〉(2000)를 연상시킨다는 내용이 있다. 그리고 이 영화가 정훈희의 「안개」로부터 시작됐다고 감독 본인이 밝혔는데 〈현기증〉과 〈화양연화〉는 내가 수없이 봤을 정도로 사랑하는 영화이고, 「안개」도 내가 너무 사랑하는 곡이기에 〈헤어질 결심〉은 그만큼 또 내게는 남다른 영화가 되었다. 김수용의 〈안개〉(1967)를 좋아하는 이유도 이 영화의 주제곡 때문이라고 해도 과언이 아니다.

어머니도 하늘에서 박 감독의 칸국제영화제 감독상 수상을 기뻐하지 않을까.

할머니와 〈미나리〉

   나에게 영화는 점점 기억이나 치유와 동의어가 되어가고 있다. 2019년 〈기생충〉을 시작으로 올해까지 유난히 개인적인 사연과 결부된 영화들이 개봉해서 나를 뒤흔들고 있기 때문이다. 그중에 정이삭의 〈미나리〉(2020)가 있다. 윤여정 배우가 연기한 '순자'가 돌아가신 어머니와 외할머니를 동시에 떠오르게 했기 때문이다.

   윤여정 배우는 나에게 특별한 존재였다. 이 또한 전적으로 어머니 때문이다. 어머니는 김수현 작가의 드라마를 좋아했고 지금까지도 내 기억 속에 어머니와 가장 재미있게 봤던 드라마는 방영 당시 국민 드라마라고 불렸고 역대 최고의 시청률을 기록한 [사랑이 뭐길래](1991)이다. 어머니는 이 드라마를 볼 때마다 윤여정 배우에 관한 이야기를 자주 하셨다. 그래서인지 나는 어느 시점부터 그녀를 매우 친숙하게 느끼기 시작했고 그녀를 볼 때마다 동시에 어머니를 함께 떠올리게 됐다. 심지어 그녀가 어머니와 닮았다는 생각까지 갖게 되었는데 이런 생각을 하게 된 게 실제로 두 분이 닮아서였는지 아니면 그녀를 너무 친숙하게 느낀 나머지 내가 그렇게 믿어버리게 된 건지 여전히 아리송하다. 어머니 생전에 나는 그 이유를 왜 어머니에게 여쭤보지 않았을까. 최근에 너무 궁금해서 찾아봤더니 그녀는 어머니가 다녔던 이화여고 후배인 것으로 확인되었다. 그거 말고는 어머니와 윤여정 배우와의 접점은 알 수 없었다. 그녀의 쿨하고 세련된 모습, 전체적인 분위기가 어머니와 무척 닮았다.

[사랑이 뭐길래] 이후로 윤여정이라는 배우는 내 마음속 깊이 자리 잡았고 나는 드라마에서 그녀를 볼 때마다 늘 반가운 마음이었다. 나는 그 특유의 목소리에 반했다. 그녀를 떠올리면 늘 그 목소리가 제일 먼저 떠오른다. 심지어 그녀가 말한 내용을 글로 읽을 때도 배우의 목소리가 들릴 정도다. 윤여정 배우는 어떤 역을 맡아도 항상 그 역할에 완전히 몰입했다기보다 일정 부분이라도 '윤여정'인 상태를 유지하면서 훌륭한 연기를 보여주었다.

그녀가 〈화녀〉(1971), 〈충녀〉(1972) 등에서 김기영 감독의 페르소나였다는 건 뒤늦게 알게 되었다. 〈충녀〉를 몇 년 전에 처음 봤는데 봉준호 감독이 언급한 안마 장면을 비롯해 그녀의 연기는 매우 독특했고 남달랐다. 나는 〈충녀〉보다 임상수 감독의 〈하녀〉(2010)를 먼저 봤는데 드라마가 아닌 스크린에서 그녀의 존재감을 강렬하게 느낀 첫 작품이었다. 홍상수 감독의 영화들에선 그녀가 등장할 때마다 마치 이웃집 아주머니처럼 늘 반가운 마음이 들었다. 작년, 영화에 미쳐 살아온 나에게도 위로가 되어 주었던 김초희 감독의 〈찬실이는 복도 많지〉(2019)에서도 유머러스하고 멋진 연기를 보여주었다.

이렇게 이미 나에게 특별한 존재였던 배우 윤여정의 출연작 〈미나리〉는 선댄스영화제에서 화제가 되었고 나는 이 영화의 개봉을 기다리고 있었다. 드디어 개봉 당일에 이 영화를 보았는데 영화에서의 순자를 보고 울컥하는 심정이 될 수밖에 없었다. 〈미나리〉의 순자는 돌아가신 외할머니를 떠올리게 했다(외할머니는 독실한 교회 권사님이셨고 순자처럼 교회에서 헌금을 몰래 숨기지는 않았다). 순자의 딸인 모니카(한예리)가 한인 이민자인 것처럼 외할머니의 아들인 외삼촌이 미국으로 떠난 한인 이민자다. 영화 속에서 순자는 데이비드(앨런 김)에게 화투 치는 법을 가르쳐주고 두 사람이 화투를 치는 장면도 등장한다. 내가 외할머니 하면 생각나는 건 교회를 제외하면 화투가 1순위다. 순자와 같이 외할머니는 나에게 화투를 가르쳐주었고 나는 수도 없이 외할머니와 고스톱을 쳤다. 나뿐만이 아니라 외가 친척들은 모두 외할머니와 고스톱을 치곤 했다. 외할머니와 고스톱을 쳤던 시간이 아직도 나에게 너무 즐겁고 아름다운 기억으로 남아 있다. 순자는 레슬링을 보는 걸 좋아하는데 외할머니는 권투를 정말 좋아했다. 아직도 기억에 남는 것 중의 하나는 '86아시안게임'에서 한국이 복싱에서 전 체급을 석권했을 때 외할머니가 너무 좋아하시던 모습이다. 나도 그날을 어제 일처럼 생생하게 기억하고 있다. 적어도 내가 기억하는 한 내 주변에서 외할머니처럼 독실한 기독교 신자이면서 동시에 열렬한 권투팬이자 고스톱을 좋아하는 교회 권사님을 본 적은 없다. 순자와 외할머니는 분명 다르지만, 파격을 방불케 할 정도로 일반적이지는 않다는 점에서 통하는 면이 있는 것 같다.

〈미나리〉의 공간적 배경도 나에게 외할머니와의 과거 한때를 떠올리게 했다. 어린 시절 우리 가족과 외가 친척들은 여름마다 천안의 별장에 내려가서 풀장에서 수영도 하고 오두막에서 수박도 먹고 별장 앞 잔디밭에서 마구 뛰어놀며 즐거운 시간을 보냈다. 그때 별장 관리를 외할머니와 외할아버지가 함께 하고 계셔서 여름마다 별장에 내려가면 나는 외할머니를 만날 수 있었다. 〈미나리〉에서 순자와 데이비드가 함께 잔디밭을 걷거나 숲속 개울가에서 물장난을 치는 장면에선 내가 외할머니와 별장에서 함께했던 시간이 많이 떠올랐다.

영화 속에서 제이콥(스티븐 연)은 새로 이사 온 곳을 에덴의 정원이라고 부르기도 하는데 나에게 별장은 그런 낙원과 같은 장소였다. 그래서 나는 부모님이 별장을 팔고 더 이상 그곳에서 외할머니와 외가 친척들과 즐겁게 지낼 수 없게 된 이후의 상태를 너무 가슴 아파하며 '실낙원'이라고 칭하며 살아왔다. 내 기억 속에 그 별장은 근원적인 고향과 같은 이미지로 남아 있다. 이제는 결코 돌아갈 수 없는 근원적인 고향 말이다. 〈미나리〉를 보고 그 근원적인 공간에 대한 향수를 다시 느껴서 외할머니에 대한 기억과 함께 마음이 애틋해졌다.

나는 〈미나리〉가 결국 데이비드와 순자의 이야기라고 받아들였다. 데이비드는 어린 시절 정이삭 감독을 나타내는 인물이었을 것이고 이 영화는 데이비드의 시선으로 아버지 제이콥을 바라보는 측면이 있다. 영화의 첫 쇼트가 차창 밖을 바라보는 데이비드의 모습인 것을 통해서도 이를 확인할 수 있다. 독실한 크리스천이라고 알려진 정이삭 감독은 '에덴', '우물'과 같은 영화 속 대사나 '제이콥', '데이비드', '폴'과 같은 인물들의 이름 그리고 극 중 교회와 어깨에 십자가를 메고 가는 인물을 등장시키는 등 성경적 메타포를 여러 군데 깔아놓았다. 심지어 신앙인이 아닌 것처럼 묘사되는 순자는 데이비드의 병을 치료하고 본인이 병에 걸림으로써 대속하는 존재로 묘사된다. 그리고 순자의 실수로 인해 일어난 화재는 파국으로 치

닫던 제이콥과 모니카가 잠시라도 '서로를 구원하는' 순간을 만들고 농작물이 다 타버렸음에도 불구하고 오히려 제이콥 가족을 결속시키고 화해하게 만든다. 영화의 마지막엔 순자는 등장하지 않고 순자가 한국 땅에서 가져 와 미국 숲속 개울가에 심은 미나리가 잘 자라 하나의 유산으로 남는다. 나는 이러한 일련의 과정을 통해 신의 섭리를 느끼며 깊은 울림을 느꼈다. 그 중심에 바로 순자가 있다는 것이 내 어린 시절의 외할머니에 대한 기억과 겹치며 외할머니가 너무나 그리웠다. 외할머니는 내가 부모님보다 더 사랑했던 존재였기 때문에 그 그리움의 깊이는 헤아릴 수 없다.

2017년 서울아트시네마에서 열렸던 '시네마테크의 친구들' 영화제에서였다. 이 영화제에서 윤여정 배우가 추천한 마이크 리의 〈커다란 희망〉(1988)을 보고 배우와 함께 영화에 관한 대화를 나누는 행사가 있었는데 신기하게도 그날은 내 생일이었다. 나는 드디어 그녀를 만날 수 있다는 사실에 기쁜 마음으로 행사에 참석했다. 그녀 특유의 입담으로 인해 관객과의 대화 시간은 재미있었다. 나는 행사가 끝나고 수줍게 다가가서 인사를 하고 김기영 감독의 〈충녀〉와 관련된 해설집에 사인을 받았다. 그 사이에 그녀와 어머니에 관한 사연을 전했다. 그러자 그녀가 간단하게 답을 했는데 아쉽게도 현재 내용이 기억나지는 않는다. 그녀는 곧바로 자리를 떠났다. 나는 그 만남을 기다려왔었기에 뭔가 극적인 상황을 기대하며 마음속으로 애가 탔지만 그건 어디까지나 내 사정이었다. 나는 환상에서 깨어나 현실로 돌아왔다. 그 순간 내 자신이 너무 실망스럽고 뭔가 아쉬움을 느꼈던 것 같다. 외할머니는 2007년 12월에, 어머니는 2008년 7월에 돌아가셨다. 〈미나리〉를 보고 나선 돌아가신 어머니와 외할머니가 너무 그리웠다. 그것은 이 영화가 내게 전한 위로이기도 했다. 〈미나리〉로 나의 소중한 기억들을 떠올리게 해준 윤여정 배우에게 감사의 마음을 전한다.

나의 단편영화 촬영기

2023년 8월에 우연히 전철 안에서 찍은 노을 동영상이 내 단편 〈동재기나루터의 여름〉(2024)의 출발점이었다. 그 동영상을 SNS에 올린 후, 당시 개봉을 앞둔 엠마누엘 니코의 〈러브 달바〉(2022)의 조명감독인 벨기에 친구 제레미에게서 온 쪽지가 결정적이었다. 제레미는 나에게 노을 장면이 훌륭하다면서 이 장면을 오프닝 쇼트로 시나리오를 써보라고 했기 때문이다. 곧장 시나리오를 쓰지는 못했지만, 제레미의 말은 가슴 깊이 남았다.

그런 가운데 2024년 6월 어느 날 나는 우연히 지하철 유튜브 영상 공모전이 있다는 것을 알게 되었고 그 공고를 보자마자 작년에 찍었던 노을 영상을 떠올렸다. 처음에는 그 노을 영상만 제출해볼 생각이었다. 그런데 출품작은 1분 이상 3분 이내여야 한다는 규정이 있었고 아쉽게도 내가 찍은 동영상은 52초밖에 되지 않았다. 나는 노을 영상을 포함해 1분 이상의 단편을 만들기로 했다.

단편을 만드는 길은 험난했다. 제작비가 전혀 없었기 때문이다. 출품 마감일로부터 2주 정도밖에 시간이 남지 않았다. 그러나 노을 영상을 포기할 수 없었다. 단편을 만들어온 이래 이렇게 강렬한 욕망에 사로잡혔던 적은 없었던 것 같다. 제레미는 노을 영상을 오프닝에 사용하라고 했지만 나는 이 영상을 무조건 영화의 마지막 장면에 사용해야겠다고 마음먹었다. 마지막에 아름다운 노을을 보여줌으로써 영화의 주인공에게 삶의 위로를 전달하고 싶었기 때문이다. 짧은 시간에 당연히 구현하기는 힘들겠지만, 에릭 로메르의 〈녹색 광선〉의 마지막 장면에서의 녹색 광선처럼 다가가기를 바랐다.

그래서 이러한 엔딩을 향해 나아가는 간단한 이야기를 구상했다. 처음엔 한 소녀가 남자 친구와 결별하고 전철을 타고 가다가 우연히 노을을 보고 위로를 얻는다는 내용의 시나리오를 썼지만, 최종적으로는 가정 폭력으로 인해 고통받던 한 여성이 맨발로 집을 뛰쳐나와서 충동적으로 자살을 하고자 하나 실패하고 지하철 플랫폼에서 한 여성을 만나 위로를 받는다는 내용으로 결정했다. 엔딩 장면은 내가 썼던 시나리오와 동일하게 주인공이 노을을 보는 모습으로 끝났다. 나는 온라인으로 가정 폭력과 관련된 기사를 검색하고 자비에 르그랑의 〈아직 끝나지 않았다〉(2017)를 보는 등 나름 준비를 하고 시나리오를 다시 썼다. 그리고 캐스팅 작업에 착수했다. 평소에 친하게 지내던 배우인 이지영 누나와 이은정 누나가 각각 매 맞는 아내인 미연과 지하철 플랫폼에서 나오는 영희로 출연해주겠다고 했다. 서울교통공사 측에서 공모전 출품작에 한 해 3시간 무료로 지하철 촬영을 허가해줬는데 상대적으로 다른 역보다 승객들이 많지 않을 거라는 지인의 추천으로 동작역 플랫폼에서 촬영하기로 했다. 그리고 작년 이촌역에서 동작역으로 가는 구간에서 노을을 찍었기 때문에 서울역에서 동작역까지 가는 도중에 미연이 노을을 보는 마지막 장면을 찍기로 했다.

그러나 서울교통공사 측에서 촬영을 허가한 지하철역에는 죄다 스크린도어가 설치되어 있어서 미연이 자살 시도를 하는 장면을 찍을 방법이 없었다. 하는 수 없이 버스 정류장 근처에서 암시적으로만 촬영하기로 계획을 수정했다. 제작비 절감 차원에서 무조건 하루 만에 촬영해야 했는데 고민이 생겼다. 마감 일주일 전인데 그 주는 온통 비 예보가 있었다. 후반작업을 충분히 하려면 가급적 빠른 날에 찍어야 했는데 그나마 가장 빠른 날 오전엔 흐리고 저녁에 비 예보가 있어서 다른 선택을 할 수가 없었다. 울며 겨자 먹기로 촬영을 감행해야 했다. 만약 비가 오면 미연이 노을을 보는 시선 쇼트와 미연의 시점 쇼트로 보이는 노을 장면을 후반 작업 때 붙이기가 힘든 상황이 된다. 알아본 바에 따르면 색 보정을 해도 컷이 튀지 않게 편집하기가 어렵기 때문이다. 애초에 노을 장면을 사용하려고 시작한 프로젝트인데 그 장면이 매끄럽게 완성되지 않으면 단편을 만들려는 시도 자체가 무의미해진다. 촬영을 접을 것인가 말 것인가 결정해야 하는 상황이었다. 고민 끝에 최종적으로 컷이 붙건 안 붙건 간에 일단 완성에 목표를 두기로 마음먹었다. 촬영이 이틀도 남지 않은 상황인데도 촬영감독을 구할 수 없었다. 지인의 추천으로 기적처럼 촬영 장비를 가진 촬영감독을 구하는 데 성공했다.

촬영 당일은 일기 예보와 다르게 화창했다. 화창한 정도가 아니라 그날 하루 종일 비가 한 방울도 내리지 않았고 너무 더워서 뒷덜미가 새까맣게 탔다. 예정대로 촬영만 마치면 후반 작업 때 매끄럽게 편집을 할 수 있는 환경이 조성된 것이다. 미연이 맨발인 채로 문을 열고 집 밖으로 뛰쳐나오는 장면을 찍으면서 촬영을 시작했다. 첫 쇼트가 중요했는데 배우가 뛰는 속도와 그에 맞춰 배우에게 카메라 초점을 맞추는 게 쉽지 않아서 그 쇼트는 그날 촬영 중 가장 여러 번 찍었다. 미연이 집 앞길을 내려가는 장면은 카메라를 고정한 상태로 찍으려고 했으나 촬영 장비의 부속품에 문제가 생겼다. 할 수 없이 그때부터 모든 장면을 핸드헬드 촬영으로 결정했다. 다음 장소인 서울역 근처 버스 정류장에는 다행히 승객이 많지 않았다. 버스로 미연이 뛰어드는 장면을 찍을 예정이었는데 막상 배우의 안전이 걱정되어 보다 현실감 있게 촬영하는 건 포기하고 프레임 밖으로 배우가 뛰어나가는 정도로 장면을 마무리했다. 시간이 지체되어서 전철 장면을 3시간 안에 찍어야 해서 서둘러야 했다.

촬영 전날까지 두 여배우와는 만나지 못하고 문자와 전화로 소통했다. 두 명이 모두 내가 주문한 초록색 계열의 옷을 입은 채로 동작역 플랫폼에서 촬영을 시작했다. 시간 관계상 리허설을 딱 한 번만 하고 바로 본 촬영에 들어갔는데 다행히 두 배우가 연기를 너무 잘해주었다. 반대쪽 플랫폼에서 두 여성을 관조하는 롱 쇼트를 꼭 찍고 싶었는데 시간이 모자라 결국 포기했다. 이제 전철 안에서 노을을 바라보는 미연의 시선 쇼트만 찍으면 영화를 완성할 수 있었다. 초상권 문제가 걸려있어서 전철 안에서는 넓은 각도에서 승객들이 보이는 쇼트는 포기하고 영희가 준 슬리퍼를 신고 있는 미연의 발 클로즈업 쇼트와 미연의 얼굴 클로즈업 쇼트만 찍기로 했다.

서울역에서 탑승해서 먼저 발 쇼트를 찍고 이제 이촌역에서 동작역으로 가는 도중에 미연의 시선 쇼트를 찍는 것만 남았다. 승객이 많아서 그 쇼트를 제대로 찍을 수 있을지 불투명했는데 다행히 미리 위치를 잡았고 동작대교가 나타나기를 기다렸다. 드디어 동작대교가 나타났다. 나는 숨을 죽이고 촬영

감독과 배우에게 모든 것을 맡겼다. 날씨가 맑아서 배우의 눈가로 빛이 들어오는 게 보였다. 정말 감격적이었다. 이 순간을 보려고 이 단편을 찍은 것이나 마찬가지였기 때문이다. 예정대로 비가 왔다면 그 순간 빛을 보는 일은 없었을 것이다. 내가 작년에 노을을 찍었던 시간대에는 애초에 이런 실내 촬영이 불가했고, 동작대교가 보일 땐 작년과 같은 노을이 실제로 보이지는 않았다. 그러나 빛이 들어왔기 때문에 후반 작업에서 무리 없이 컷을 붙이는 게 가능해졌다.

서울역 근처 버스 정류장 장면까지 포함해서 처음 편집본이 5분 정도 나왔다. 그런데 3분을 넘지 않아야 한다는 공모전 출품 규정에 맞춰야 했기에 할 수 없이 2분을 잘라서 최종적으로 3분 버전을 만들었다. 버스 정류장 장면을 빼니 급박하게 사건이 벌어지는 것 같아서 아쉬웠지만 그게 최선이었다. 러닝 타임 문제로 가장 중요한 노을 장면도 원하는 만큼 보여주기는 힘들었다. 다행히 음악을 넣으니 마지막 노을 장면도 만족스럽게 나왔다. 시간과 예산 문제로 제대로 된 색보정과 믹싱의 여력이 없었으므로 편집하는 자리에서 기본적인 수준의 색보정과 믹싱을 하고 출력해서 최종 편집본을 유튜브에 업로드하고 각종 서류를 첨부해서 무사히 출품을 마쳤다.

지금까지 내가 만든 영화를 온라인상에서 공개한 적은 없었다. 스스로 공개할 만큼의 완성도라고 판단하지는 않았기 때문이다. 그런데 이번 공모전의 경우에 완성된 영상을 유튜브에 업로드하는 게 출품 조건이었다. 나는 너무 드라마틱한 과정을 거쳐서 출품을 완료했기 때문에 결과물의 완성도와 상관없이 후회는 없었다. 물론 현장에서의 연출력 부족을 절감하며 절망감을 느끼고 있긴 하다. 현장에서 확신을 갖지 못한 채 과연 컷이 붙을까에 대해 시종일관 불안해하면서 영화를 찍고 있었던 스스로가 무척 실망스러웠기 때문이다. 그리고 편집 과정에서 알게 된 사실이지만 내가 제대로 지시를 내리지 못해 초래한 촬영의 실수들이 보였다. 그런데 나로서는 꿈인지 생시인지 믿기지 않을 정도로 놀라운 일이 벌어졌다. 영화과 교수, 감독, 스태프 등 영화 관계자를 포함해서 내 영화를 본 사람들이 긍정적인 반응을 하면서 나에게 좋은 얘기들을 많이 해줬기 때문이다. 의례적으로 하는 말이 아니라 장문의 평을 보내주는 사람도 몇 명 있었고 평소에 나에게 시큰둥하게 반응했던 사람들조차 진심 어린 말을 해줘서 정말 놀랐고, 감격적이었다.

물론 모든 사람이 내 영화에 대해 좋은 말을 한 건 아니었지만 스스로 망했다고 생각하고 있었던 나로서는 주변의 반응은 큰 반전이었다. 가장 기뻤던 건 이 영화의 출발점이 된 노을 장면을 좋게 본 사람들이 많았다는 것이다. 그 하나로 나는 이 영화를 만든 보람을 충분히 느낄 수 있었다. 우연으로 인해 초래된 것들에 의미를 부여하고 나도 미처 생각지 못한 내 무의식(돌아가신 어머니에 대한 그리움 등)까지 읽어주는 사람들이 있어서 흥미로웠다. 크리스천인 나는 마지막 장면에서 하나님의 위로가 느껴지기를 바랐는데 몇몇 사람은 그 장면을 그렇게 이해해주면서 내가 애써 강조하지는 않았지만, 원했던 종교적인 측면을 짚어줘서 감사했다.

결과적으로 절망은 희망으로 바뀌었다. 많은 사람의 평이 나에게 다시 영화를 찍어볼 수 있겠다는 용기를 심어줬다. 부족한 점을 보완해서 다음 영화는 1%라도 더 잘 만들고 싶다는 마음이 생겼고 언제가 될지는 몰라도 죽기 전에 독립 장편이라도 한 편 찍고 싶다는 소망도 이어가기로 했다. 심사 발표가 얼마 남지 않았는데 입상하지 못하더라도 나는 이미 충분히 만족했으므로 심사 결과에는 연연하지 않을 생각이다. 날씨부터 모든 것을 도와주신 하나님께 감사한 마음이 들었다.

시네필의 시대

이선주의 『시네필의 시대(영화진흥위원회 50주년 기념 총서4)』는 과거부터 현재까지 비디오를 빌려봤거나 서울아트시네마, 한국영상자료원, 예술영화 전용관을 방문했던 영화광들에게 단비와 같은 축복을 선사하는 귀한 저작이다. 그들의 일상이 역사가 되는 놀랍고 감격스러운 순간과 마주하게 되기 때문이다. 이혁래의 〈노란문: 세기말 시네필 다이어리〉(2023)를 봐도 알 수 있듯이 〈기생충〉의 봉준호 감독도 이러한 시네필의 역사와 무관하지 않다.

『시네필의 시대』는 본격적으로 국내에 '시네필' 문화를 태동케 한 90년대 시네필을 조명한다. 서문에서도 밝히고 있지만 저자가 그동안 시네필로서 살아온 삶과 영화 사랑이 듬뿍 담겨있는 '영화 사랑 고백서'에 가깝다. 시네필의 역사에서 하나의 사실이라도 누락시킬까 봐 노심초사하며 세심하게 챙기려는 노력이 느껴진다.

이 책은 국내 영화 시장의 특수한 환경 탓으로 다른 나라들과 다르게 필름이 아닌 비디오 관람을 통해 한국에 시네필리아가 형성되기 시작했다고 말한다. 따라서 한국에서의 시네필을 얘기하고자 할 때 비디오필리아를 먼저 다루지 않을 수 없다. '영화마을', '으뜸과 버금'과 같은 비디오 체인점이 엄선된 명작들의 공급에 힘쓰기도 했으며, 국내 시네필 문화 형성에 이바지한 '영화사랑 1895', '문화학교 서울', '씨앙씨에', '영화사랑' 등의 단체들은 극장 개봉을 통해 국내에 정식으로 공개되지 못한 세계영화사에 남는 명작들을 불법 비디오를 통해 회원들에게 보여줌으로써 그 영화들을 알리는 노력을 했다. 봉준호 감독이 속해있던 '노란문'도 그 연장선상에서 수많은 영화를 비디오로 보며 영화에 대한 열정을 키웠다. 《영화언어》, 《키노》, 《필름컬처》는 프랑스의 누벨바그를 태동시킨 《까이에 뒤 시네마》처럼 국내 영화광들이 영화에 대한 진지한 사유를 하도록 이끌었으며 풍성한 영화 담론 형성에 이바지했다. 《영화언어》 관계자들은 부산국제영화제를 출범시키기까지 했다. 지금은 사라진 대표적인 예술영화전용관인 동숭씨네마텍은 짐 자무쉬의 〈천국보다 낯선〉(1984)을 시작으로 안드레이 타르코프스키의 〈노스텔지아〉(1983), 테오 앙겔로풀로스의 〈안개 속의 풍경〉(1988) 등 수많은 예술영화를 국내에 소개하며 예술영화 관객층을 넓혀나갔다. 2000년대에는 서울아트시네마가 개관하면서 서울시네마테크와 문화학교 서울이 번갈아 가며 세계영화사를 조망할 수 있는 수많은 기획전을 개최했고 예술영화의 대중화에 크게 이바지했다. 『시네필의 시대』를 읽으면서 개인적으로는 이 책에서 언급된 단체와도 관련이 있고 이 책에 등장한 사람 중에 아는 사람들도 많아서 감회가 남달랐다. 나의 일상이 역사가 되고 내 삶이 시네필의 역사를 체현하고 있다는 사실을 처음으로 실감했다. 아마 나와 비슷한 감동을 느낄 사람이 많을 것이다. 이 책이 비디오를 빌려보던 시절부터 현재에 이르기까지 영화와 관련된 공동의 기억을 건드리고 있기 때문이다.

나는 1998년에 문화학교 서울을 처음 방문한 이래 현재까지 영화에 대한 사랑과 열정을 이어가고 있다. 《키노》, 《필름컬처》의 애독자이자 서울아트시네마, 필름포럼, 한국영상자료원의 죽돌이 인생이 아직도 이어지고 있다. 비디오와 관련된 추억 중에는 왕가위의 〈아비정전〉(1990)이 으뜸이다. 나는 마치 프레임이 현실로 확장된 듯이 느껴질 정도로 〈아비정전〉의 한 장면처럼 비가 억수로 내리고 있는 날에 뭣도 모르고 〈아비정전〉를 비디오 가게에서 빌려왔다. 그런데 바로 〈아비정전〉에서 비가 억수로 내리는 장면에 이르렀을 때 영화가 너무 지루하고 재미없어서 바로 비디오를 껐고 그 즉시 비디오 가게에 반납했었다. 그리고 수년이 지난 후 엄청난 반전이 일어났다. 코아아트홀이 문을 닫게 된 상황에서 〈아비정전〉 특별 상영을 하게 되었고 나는 그때 필름으로 처음 이 영화를 다시 보게 되었다. 그때 나는 내 눈을 믿을 수 없었다. 아비가 처음 등장하는 오프닝 장면부터 너무 훌륭해서 깜짝 놀랐기 때문이다. 이 책을 읽는 독자 중에 비디오와 얽힌 이런 추억 하나쯤은 다들 있지 않을까 싶다.

그리고 나는 '시네필의 시대'와 무관하지 않은 봉준호의 〈기생충〉에 얽힌 특별한 사연도 갖고 있고 그로 인해 이 작품은 나에게 인생 영화 중의 한 편이 되었다. 1997년은 칸국제영화제에서 압바스 키아로스타미의 〈체리 향기〉(1997)와 이마무라 쇼헤이의 〈우나기〉(1997)가 공동으로 황금종려상을 수상하고 왕가위의 〈해피 투게더〉(1997)가 감독상을 받으면서 아시아 영화들이 크게 선전한 해였다. 나는 식당에서 점심으로 라면을 먹다가 신문 기사를 통해 칸국제영화제 수상 소식을 알게 되었고 내 인생에서 가장 미스터리한 질문을 스스로 던지게 된다. "한국 영화는 왜 저기 없는 것일까?" 나는 아직도 내가 왜 이 질문을 했는지 그 이유를 알지 못한다. 그런데 그 질문이 그 이후로 내가 지금까지 영화에 미쳐 살아온 결정적인 계기가 된 것만은 분명하다. 그 질문을 해결한 영화가 칸국제영화제 황금종려상을 수상한 〈기생충〉이기 때문에 이 작품이 나에게 인생 영화가 될 수밖에 없었던 것이다. 내가 보기에 그 자신도 '노란문'의 영향을 인정하고 있기도 하지만 봉준호는 '시네필의 시대'가 낳은 가장 큰 성과다. 따라서 저자는 그걸 의도하고 있지는 않았겠지만, 이 책은 〈기생충〉이 이룬 세계적인 쾌거의 뿌리가 어디에서 비롯되었는지 자연스럽게 고찰하게 만드는 측면도 있다.

　나에게 있어서 『시네필의 시대』는 눈물 없이는 읽을 수 없는 책이다. 이 또한 저자가 의도했을 리는 없지만 이 책에는 내 삶이 그대로 들어있기 때문이다. 이 책의 내용 중 3분의 2는 나와 전혀 무관하지 않다고 자부할 수 있다. 이 책은 돌아가신 부모님이 살아 계시던 시절부터 지금까지 오롯이 나의 삶을 증명하고 있으며 나의 삶의 의미를 대신 만들어주고 있다. 그런 측면에서 나는 이 책의 저자인 이선주에게 진심으로 감사하다는 말을 꼭 하고 싶다.

　우리는 역사의 한복판에 있으며 당신이 영화를 보는 일상적인 행위는 결코 무의미한 일이 아니다. 그러니 영화를 마음껏 즐겨라. 그 시간은 '시네필의 시대'가 입증하는 것처럼 또다시 역사가 될 테니까 말이다. 당신이 그냥 영화가 좋아서 투자한 시간이 모여서 한국영화사를 바꾸는 결과로 이어질지 누가 알겠는가. 그건 아무도 모른다. 당신이 바로 역사의 주역이다. 『시네필의 시대』는 내게 그렇게 말하고 있다.

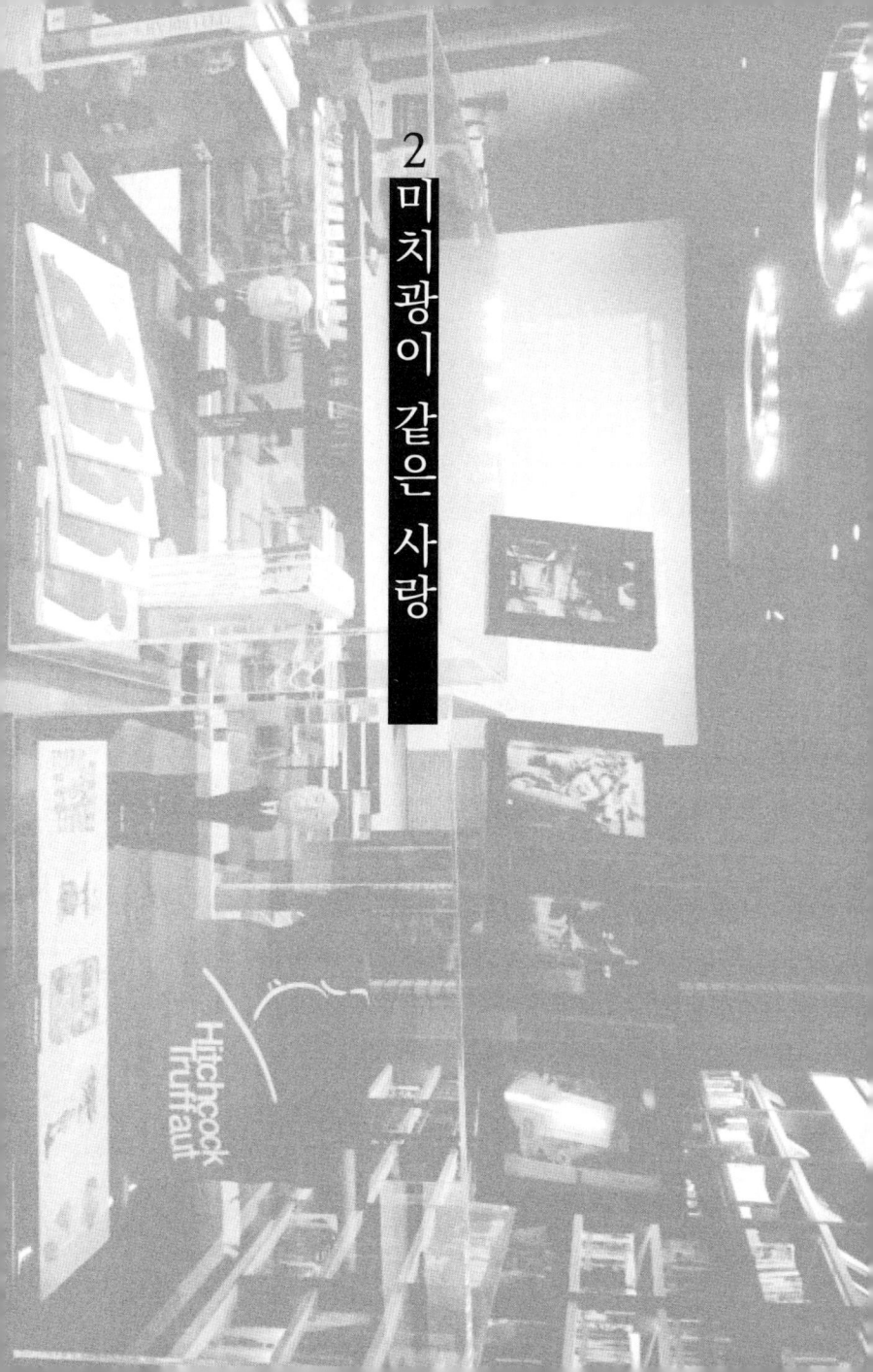

2
미치광이 같은 사랑

현실과 환상 사이에서 영원히 헤매다
〈현기증〉

앨프레드 히치콕은 '관음증'을 탐구한 감독으로 유명하다. 그의 영화에는 잉그리드 버그만, 그레이스 켈리 등 할리우드의 대표 금발 미녀들이 주로 등장하고, 인물들을 바라보는 시점 쇼트가 많이 사용되는 것만 봐도 그의 영화에서 관음증이 중요한 부분을 차지한다고 짐작할 수 있다. 히치콕의 대표작들인 〈이창〉(1954), 〈현기증〉, 〈싸이코〉(1960)가 특히 관음증을 중점적으로 다루기도 했다. 그런데 관음증은 누군가를 훔쳐보는 행위이기에 영화와 관련지어 얘기하곤 한다. 우리가 어두운 극장 안에서 은밀하게 스크린을 통해 영화를 관람하는 행위는 누군가의 삶을 훔쳐보고 있는 것과 별반 다르지 않기 때문이다. 그런 점에서 〈현기증〉을 통해 관음증, 더 나아가 영화와의 관계를 탐구해 볼 수도 있다. 이 영화는 한 남자가 신비의 여인을 미행하는 과정을 보여주는 장면들이 많은 부분을 차지한다. 그런데 이 장면들은 모두 남자가 여인을 바라보는 시점 쇼트와 그녀의 이미지와 행위를 바탕으로 그녀의 정체를 파악하려는 남자의 반응 쇼트로 이루어져 있다. 이러한 형식은 관객이 영화를 보며 반응하는 방식과 닮아있다. 〈현기증〉의 남자가 여인에 대한 정보를 바탕으로 여인의 정체에 접근해가듯이, 관객은 영화에서 주어지는 정보들을 바탕으로 이야기를 구성해나가기 때문이다. 이러한 시점 쇼트-반응 쇼트의 구조는 〈현기증〉보다 4년 먼저 만들어진 〈이창〉에서 이미 완성되었다고 볼 수 있다. 그러나 〈이창〉에서 이웃집 살인 사건을 중심으로 이웃집이라는 공간과 관련된 관음증을 주로 다루고 있다면 〈현기증〉에서 관음증에 대한 탐구는 온전히 한 여인에게만 국한되어 이루어지는데 그 여인을 사랑하는 남자의 심리가 결부되면서 〈이창〉보다 복잡한 양상을 띠게 된다.

〈현기증〉이란 영화를 거칠게 요약하자면 스코티(제임스 스튜어트)가 정체를 알 수 없는 유령 같은 존재인 매들린(킴 노박)을 미행하다가 그녀와 사랑에 빠지게 되면서 벌어지는 이야기다. 서스펜스 스릴러의 거장인 히치콕의 작품답게 빼어난 심리 스릴러이며 환상의 여인과의 사랑을 다룬 아름다운 멜로드라마이기도 하다. 이 영화는 또한 일종의 필름 누아르라고도 볼 수 있으며 현실과 환상의 경계를 탐구한 영화 중에서도 손꼽힐 만큼 탁월한 성취를 이룬 작품이다.

이 영화는 정신분석학, 심리학 등을 동원하여 다양하게 해석할 여지가 있는 풍부한 텍스트이지만 무엇보다도 이 영화의 중요성은 평론가들이 지적하듯이 이 작품이 히치콕의 가장 개인적인 작업물이라는 사실에서 비롯된다. 의식적으로든 무의식적으로든 그가 평생을 추구해온 영화라는 대상에 대한 고민과 질문들이 가득 담겨있다. 현실에서 금발 미녀를 캐스팅해서 자기 영화의 뮤즈로 삼았던 히치콕처럼 영화 속 스코티가 금발의 매들린에게 집착하고 심지어 쥬디에게 매들린과 동일한 의상을 입히고 동일한 머리 염색을 하도록 강요하면서까지 죽은 매들린을 되살리려는 모습만 보더라도 그런 추측이 가능하다. 그리고 영화 속에서 환상의 인물인 매들린과 반대 지점에 있는 현실적인 인물인 밋지가 히치콕의 부인인 알마 레빌을 연상시키는 측면도 있다. 마치 스코티가 매들린과 밋지를 오갔던 것처럼 히치콕도 영화라는 환상과 현실을 오가는 삶을 살았던 건 아닐까.

이 영화에 등장하는 네 명의 인물은 모두 특정한 이미지 작업을 한다는 점에서 히치콕과 연관시켜볼 수 있다. 밋지는 속옷 디자이너이면서 영화 속에서 초상화를 직접 그리기도 한다. 개빈 엘스터는 그의 아내인 매들린을 모방해서 쥬디를 매들린으로 만든 인물이며, 스코티도 엘스터와 유사하게 쥬디를 매들린과 동일한 이미지로 바꾼다. 쥬디 역시 매들린이라는 가상의 인물을 연기하고 있다는 점에서 이미지 메이커로 볼 수 있다. 이렇게 이 영화에는 인물의 특성에서부터 이미지 만들기와의 연관성을 찾을 수 있다. 이 영화의 설정 자체가 이미 메타적인 성격을 내포하고 있다.

그런데 이 네 인물 중에 영화라는 환상과 가장 결부되어있는 사람은 바로 매들린이다. 실제로 이 영화에서 히치콕은 매들린을 색채와 카메라 움직임 등을 활용한 정교한 연출 기법을 통해 매혹적으로 시각화함으로써 강렬한 환상을 만들어내는 데 성공하고 있다. 영화는 스코티의 시점 쇼트를 통해서 매들린을 보여주는데 정교한 동일시의 기법으로 스코티가 매들린에게 매혹되는 동시에 관객들도 매들린에게 매혹당하고 만다. 앞서 언급했듯이 바로 이 지점에서 〈현기증〉과 〈이창〉은 다시 만난다.

〈이창〉에서 시점 쇼트로 영화 속에서 벌어지는 이야기 속에 관객을 몰입시켰다면 〈현기증〉은 한발 더 나아가서 한 인물에게 관객을 완전히 홀리게 만든다. 〈이창〉보다 더 심화된 형태로 관음증을 탐구하는 작품이 〈현기증〉인 것이다. 아무래도 사랑하는 대상과의 관계 속에서 관음증을 탐구한다면 〈이창〉처럼 이야기의 관찰자 입장보다는 감정적인 차원에서 더 밀착될 수밖에 없다. 매들린은 영화와 유사한 속성을 갖는 존재이다. 영화는 이차원적인 평면에 투사된 이미지를 삼차원적으로 받아들이는 착시 현상에 의해 성립한다. 그 착시 현상을 통해 우리는 스크린 속의 이미지를 하나의 세계로 받아들이고 자신을 스크린 속의 주인공과 동일시하며 환상에 빠져드는 것이다. 그러나 실제로 그 세계는 존재하지 않으며 일정 시간 동안 지속되었다가 사라지는 허상일 뿐이다. 한마디로 영화는 실체가 없는 유령과 같은 속성을 가지고 있는데 매들린이 이와 유사하다. 매들린은 개빈 엘스터가 스코티를 속이기 위해서 만들어낸 가상의 인물이다. 쥬디가 매들린으로 연기를 하고 있을 뿐 실재하는 인물이 아니다. 이렇게 태생 자체가 유령과 유사한 매들린은 극 중 카를로타의 유령에게 홀린 것으로 설정되어 있기도 하며 실제로 히치콕에 의해 유령처럼 보이도록 여러 번 연출되기도 한다.

결정적으로 히치콕이 매들린을 영화적 존재로 상정하는 듯한 장면이 있다. 영화의 초반부에 스코티는 매들린을 미행하다가 꽃집의 뒷문으로 들어가게 된다. 어둠 속에서 꽃집 문으로 서서히 다가가는 스코티는 마치 어두워진 극장 속을 거닐고 있는 관객의 모습을 연상시킨다. 이어지는 장면에서 스코티의 시점 쇼트로 그 출입문이 서서히 열리는 게 보이는데 그 문이 열려서 화면이 이미지로 가득 차게 될 때 우리는 꽃집 주인과 대화를 나누는 매들린을 보게 된다. 그 쇼트는 영화의 사각 프레임과 유사해서 그 순간 우리는 마치 매들린을 스크린 속의 인물로 보고 있다는 착각에 빠지게 된다. 화사한 꽃들이 가득한 이미지와 그 위로 흐르는 음악도 이 환상성을 강화하는 데 일조한다. 이 장면은 우리가 영화를 볼 때 어떤 이미지에 사로잡히게 되는 방식과 매우 유사하게 연출되어 있다. 영화 속에 매들린이 유령적 속성을 드러내는 증거들이 있다. 첫째, 매들린이 유령처럼 사라지는 장면들이 있다. 영화에서는 세 번이나 매들린이 갑자기 사라지는 장면이 나오는데 그녀의 사라짐을 납득할 만한 근거가 정확히 주어지지 않기 때문에 우리는 그녀가 실제로 유령은 아닐까 하는 착각에 빠지게 된다. 맥키트릭 호텔의 방에 들어갔던 매들린이 그녀를 찾아서 방까지 찾아간 스코티의 눈에 띄지 않고 어떻게 호텔을 빠져나갔는지에 대해 영화는 어떤 실마리도 주지 않는다. 스코티의 집에서 매들린이 갑자기 사라지는 장면도 그녀가 옷을 갈아입고 나가는 데 걸렸을 시간을 고려했을 때 이해할 수 없는 측면이 분명히 존재한다. 숲속 장면에서 스코티의 시선을 이탈해서 갑자기 매들린이 사라지기도 한다. 둘째, 매들린은 이 영화 속에서 유령을 상징하는 녹색과 연관되어서 시각화된다. 매들린이 처음 등장했을 때 입고 있는 의상에도 녹색이 있고 그녀가 몰고 다니는 차의 색도 녹색이고 그녀가 방문하는 꽃집에도 녹색 물건이 있고 스코티가 쥬디를 매들린으로 만들었을 때 매들린으로 변한 쥬디가 등장하는 순간에도 녹색 조명이 비친다.

이 영화는 오프닝 크레딧부터 매들린의 머리 모양, 종탑의 계단, 샌프란시스코의 구불구불한 도로, 절단된 나무의 나이테, 카메라의 움직임까지 온통 나선형을 구현하고 있는 이미지로 가득 차 있는데 그 이미지들로 인해 스코티와 동일시된 관객은 시각적 혼란을 느끼며 마치 미로 속에서 헤매는 듯한 착각 속에 빠지게 된다. 심지어 스코티는 유령에 홀린 것으로 추정되는 신비한 여인을 시종일관 쫓아다니는데 정교한 시점 쇼트의 사용으로 인해 스코티와 동일시된 우리는 그 미로 속에서 당최 빠져나갈 수 없다. 이 정도로 강한 환상성에 대한 경험은 우리가 일상을 탈피해 영화를 볼 때 비로소 가능한 게 일반적이다. 이쯤 되면 스코티는 흡사 영화와 사랑에 빠진 것은 아닐까 하는 생각마저 들게 되는 것이다.

이 영화에서 히치콕은 두 명의 인물에게 자신을 투영하고 있다고 여겨지는데 스코티와 개빈 엘스터가 그들이다. 즉 그들은 히치콕의 분신들이라고 할 수 있다. 극 중 스코티와 엘스터는 서로 상극인 인물처럼 보이지만 실제로는 두 인물이 유사한 측면이 있다. 두 인물은 모두 자기 욕망의 실현을 위해 쥬디를 매들린으로 바꾸는 행동을 하고 있기 때문이다. 그런 관점에서 보면 스코티와 엘스터는 일종의 '더블'이라고 볼 수 있는데 실제로 이것은 히치콕 영화의 특징이기도 하다. 〈의혹의 그림자〉(1943), 〈열차의 이방인〉(1951) 등 히치콕의 영화에서는 더블로서의 두 인물이 등장한다. 〈현기증〉에서 엘스터의 사무실 시퀀스에는 스코티와 엘스터를 대칭적으로 화면 양쪽에 위치시키고 있는 쇼트가 나오는데 이를 통해 그들이 더블임을 암시하고 있다. 개빈 엘스터는 극 중에 모든 사건을 계획해서 스코티를 그 계획에 동참시키고 결국 매들린을 자살로 위장해서 살해하는 데 성공하는 인물이다. 그런데 사실 엘스터가 계획한 음모는 모두 히치콕에 의해 계획된 것이기도 하다. 관객과 스코티를 동일시하게 만들어서 스코티의 시점으로 영화를 보게 만든 것이 바로 히치콕이기 때문이다. 스코티의 집에서 스코티와 매들린이 신체적인 접촉을 하며 은밀한 시선을 서로 교환하는 순간 갑자기 전화벨을 울리게 해서 상황을 종료시키는 장본인도 히치콕이다. 이야기를 미스터리하고 긴장감 있게 계속 이끌어가기 위해서는 두 인물 간의 거리두기가 필요하기 때문이다.

이 영화에서 스코티의 고소공포증에 대해 다양한 해석이 가능하겠지만 스토리텔링의 관점에서 보자면 스코티의 고소공포증도 이야기를 성립시키기 위한 필수 요소로서 기능한다. 엘스터의 완전 범죄가 성립할 때까지 스코티의 고소공포증은 결코 치유되어서는 안 되기 때문이다. 이렇게 고소공포증 역시 히치콕의 통제하에 있다. 결과적으로 스코티를 존재하지 않는 매들린이라는 허상과 사랑에 빠지게 하고 끔찍한 불행을 겪게 만드는 것도 히치콕 자신이다.

일반적으로 우리는 마치 엘스터가 그랬던 것처럼 히치콕이 완벽하게 구축한 허구의 세계 속에 완전히 빠져들어 여러 감정들을 느끼고 영화적인 경이로움을 경험한다. 그런데 흥미롭게도 〈현기증〉에서 히치콕은 이전과 다르게 스코티를 통해서 자기 고백적인 성찰을 시도하고 있다고 볼 수 있는데 히치콕 본인도 결코 통제할 수 없는 영역이 존재한다는 것을 스스로 인정하고 있기 때문이다. 스코티는 쥬디를 통해 매들린을 되살려내는 데 성공하지만, 영화의 결말에서 쥬디는 종탑에서 떨어져서 죽고 만다. 결과적으로 스코티는 쥬디를 통제하는 것에 실패한다. 현실로 존재하는 쥬디가 사라짐으로써 스코티를 사로잡았던 환상의 존재인 매들린도 동시에 사라졌다. 스코티는 이제 영원히 매들린을 다시 재현할 수 없게 되어버렸다. 히치콕이 영화를 통해 이상적인 이미지 재현의 욕망을 실현해온 인물이고 그 이미지를 본 관객을 그의 포로로 만들어왔다는 것을 고려한다면 이러한 결말을 통해 그는 스스로 그의 욕망이 실현될 수 없는 상황이 올 수 있다는 것을 인정하는 셈이라고 볼 수 있다. 이렇게 〈현기증〉에서 히치콕은 두 명의 분신을 통해 이미지에 대한 상호 모순된 태도를 보이며 스스로 분열된 자아를 드러내고 있다.

이 영화의 모호한 엔딩에 대해 우리는 다음과 같은 질문을 던지게 된다. 과연 스코티의 고소공포증은 치유된 것인가. 영화의 도입부에서 나오는 동료 경찰의 죽음을 통해서 알 수 있듯이 그의 고소공포증은 죄의식과 관련되어 있다. 스코티는 자신을 구하려다가 죽은 동료 경찰에 대한 죄의식을 갖고 있다. 영화의 결말부에서 스코티가 쥬디와 함께 있을 때 그가 스스로 "해냈다."고 말하며 예전에는 오르지 못했던 종탑 위로 올라가는 데 성공하기 때문에 그의 고소공포증은 치유된 듯이 보인다. 그러나 그 이후 쥬디가 죽어버렸기 때문에 그는 쥬디의 죽음으로 인해 또다시 죄의식에 시달리게 될 것이다. 그 죄의식으로 인해 그는 다시 고소공포증을 얻게 될지도 모른다. 그리고 그는 또다시 매들린과 같은 환상의 대상을 찾게 될 것이다. 어쩌면 스코티는 이런 과정을 무한 반복하게 될지도 모른다. 그런데 우리는 영화를 통해 그 과정을 반복하는 것은 아닐까. 영화가 끝나면 관객은 현실로 돌아오지만 다른 영화와 함께 또다시 환상에 빠진다. 이렇게 본다면 스코티가 마지막에 종탑 아래를 바라보면서 찾고 있는 것이 바로 영화가 아닐까. 그렇게 사라져 버린 영화를 찾아서 우리는 끊임없이 미로 속에서 헤맬 것이다. '영화'라는 유령을 쫓으며.

《쿨투라》2017년 봄호

간절한 기도

〈희생〉 예찬

　이 글은 한 감독과 그의 영화에 관한 열렬한 애정 고백이다. 나는 대략 삼십 년 가까이 타르코프스키를 좋아했지만 이제야 비로소 사랑을 고백하려 한다. 처음 봤던 타르코프스키의 영화는 〈희생〉(1986)이었는데 불행하게도 나는 이 영화를 개봉 당시 보지 못했다. 〈희생〉을 비디오로 처음 본 건 대학 영문과 수업 시간에서였다. 영화의 오프닝만 보고 계속 졸다가 다행스럽게도 알렉산더(얼랜드 요셉슨)가 그의 집을 불태우는 장면에서 깨어났고, 그 장면은 정신이 번쩍 들 정도로 압권이었다.

　〈희생〉을 처음 보고 남은 건 집을 불태우는 강력한 이미지가 전부였지만 그날 이후로 그 이미지는 내 삶의 일부처럼 내 마음속에서 살아 숨 쉬게 되었다. 〈희생〉을 본 무렵에 나는 어떤 계기들로 인해 영화에 미친 듯이 빠져들게 되었는데 이때 〈희생〉에서의 불 이미지도 한몫했다.

〈희생〉을 본 이후 타르코프스키가 쓴 『봉인된 시간』(시간의 각인)도 읽고 타르코프스키의 다른 영화들을 찾아보면서 타르코프스키는 나에게 가장 중요한 감독이 되었다. 내가 생각할 때 그는 영화 사상 가장 위대한 기독교(적) 감독이기 때문이다. 마틴 스콜세지가 한 말이 있다. "My whole life has been movies and religion. That's it. Nothing else. 내 인생은 영화와 종교, 이 두 가지 말고는 없다." 나는 이 문장을 읽고 깜짝 놀랐다. 당연히 거장의 삶에 비할 수 없는 평범한 수준이기는 하지만 내 삶이 스콜세지의 저 고백과 다르지 않기 때문이었다. 나에게도 영화와 기독교가 전부이다. 다른 것이 없다. 영화에 미쳐있는 동시에 기독교에 강박적으로 사로잡힌 사람은 드물 것이다. 신앙적으로 방황하면서 영화에만 빠져있으려고 했을 때조차 내 머릿속에서 기독교는 사라진 적이 없다.

나는 자연스럽게 영화와 기독교와의 관계에 대해 늘 고민하게 되었고 세계영화사 속에서 신학적이거나 기독교적으로 해석이 가능한 모든 감독에게 깊은 관심을 두게 되었다. 지금까지도 이러한 고민은 계속되고 있기에 나는 기독교와 관련지을 수 있다고 보는 수많은 감독들의 명단을 작성할 수 있다.

안드레이 타르코프스키, 존 포드, 앨프레드 히치콕, 로베르 브레송, 칼 드레이어, 로베르토 로셀리니, 페데리코 펠리니, 에르마노 올미, 잉마르 베리만, 크쥐시토프 키에슬로프스키,

마틴 스콜세지, 알리체 로르바케르, 에릭 로메르, 배창호 등 수많은 감독 중에 개인적으로 타르코프스키가 영화에서 기독교적 세계를 가장 잘 구현했다고 생각한다.(물론 그렇다고 그의 영화가 기독교에 완전히 부합한다는 건 아니다. 기독교에 가장 근접해있다는 판단이 섰다는 것이다.)

내 나름으로 이런 결론에 이르게 되자 그 난해함에도 불구하고 타르코프스키 영화는 내가 평생 연구를 해야 하는 대상이 되었다. 따라서 타르코프스키에 대한 나의 열렬한 애정은 내가 크리스천이라는 사실과 결코 떼어놓고 생각할 수 없다.

타르코프스키의 영화와 기독교

타르코프스키의 영화가 왜 기독교적인 것인가? 나는 아직 타르코프스키의 영화를 신학적으로 제대로 해석할 능력이 없기에 이 질문에 정확한 답을 내놓기는 힘들다. 다만 내가 지금까지 신앙인으로 살아오면서 느꼈던 것들과 타르코프스키의 영화들을 보면서 직관적으로 느끼는 감각들과 감정들을 바탕으로 나름 설명해볼 수 있을 뿐이다. 〈희생〉 재개봉 예고편에 나오는 거장들의 말을 빌려보자면 나에게도 타르코프스키의 영화들은 '기적으로서의 영화 체험'(장-뤽 고다르)을 가능케 하는 '영적인 영화들'(압바스 키아로스타미)이다. 타르코프스키는 장편 데뷔작인 〈이반의 어린 시절〉(1962)부터 유작인 〈희생〉에 이르기까지 일곱 편의 장편 영화에서 항상 인간의 양심과 구원에 대한 문제를 다룬다. 타르코프스키의 인물들이 궁극적으로 구원에 이르렀는가와는 별도로 타르코프스키에게는 구원에 대한 가능성을 모색하는 것이 중요하다.

기독교에서 인간의 양심은 중요한 의미를 지닌다. 원죄로 인해 죄인의 상태로 태어나는 인간이 스스로 죄를 자각하고 하나님에게 자비를 구하는 가운데 예수 그리스도에 의한 하나님의 사랑을 깨닫고 믿음으로 구원받는 것이 기독교의 핵심 진리인데, 하나님의 은혜로 인해 인간이 구원받는 과정에서 양심은 구원을 향한 교두보 역할을 하기 때문이다. 하나님은 인간에게 자유 의지를 주었고 예수 그리스도에 의한 구원에 대한 믿음은 개인 선택의 문제다. 이때 인간의 선한 양심은 인간을 하나님에게로 이끌 가능성을 내포하고 있다. 따라서 양심이 살아있는 인간에게 구원의 가능성은 늘 열려있다.

타르코프스키는 그의 영화들에서 세상의 부조리 앞에서 양심으로 인해 고통받는 인물들을 늘 다루고 있으며 양심은 인간의 영혼의 문제와 연결되고 절망 속에서도 그들을 용서와 화해, 사랑, 희망, 기적, 구원으로 이끈다. 그의 영화 속 인물들은 구도자적인 태도로 삶에 대해 고뇌하고 사색한다. 그들은 늘 구원을 갈망하는 존재로 그려지고 그에 대한 어떤 응답과도 같이 타르코프스키 영화의 모든 엔딩에서는 일종의 기적과도 같은 순간이 도래한다. 예를 들어 〈솔라리스〉(1972)에서 크리스는 마침내 그의 아버지와 화해한다. 〈노스텔지아〉에서 이탈리아의 성당과 고르차코프가 살던 러시아의 농가는 한 공간 속에 통합된다.

이러한 장면들은 인간이 현실 너머의 세계와 연결된 영적인 존재임을 일깨우며 타르코프스키는 이러한 초월적인 세계가 엄연히 우리에게 영향을 끼치고 있다는 징표로서 기적을 제시한다. 내가 그의 영화를 보고 늘 감탄하는 것은 그의 영화가 인간은 나약하고 불완전한 존재이지만 바로 그러한 이유로 인해 인간에게 구원의 가능성이 열려있다는 점을 알려주기 때문이다. 로마서 5장 20절에서 '율법이 들어온 것은 범죄를 더하게 하려 함이라. 그러나 죄가 더한 곳에 은혜가 더욱 넘쳤나니'라고 한 사도 바울의 고백을 떠올리게 된다. 양심을 잃어버리지 않는 한 인간에게 늘 희망은 있다.

시인 타르코프스키

내게 강렬한 인상을 남긴 〈희생〉에서 불타는 알렉산더의 집은 한 편의 시처럼 읽힌다. 타르코프스키는 『봉인된 시간』에서 결론을 도출하는 논리적인 드라마투르기보다 정서적 연결을 통한 시적 논리를 중시한다고 밝혔다. 그리고 관객은 타르코프스키가 제시한 이미지들을 나름대로 해석하고 영화에 대한 이해에 도달하게 되는데, 이런 과정을 거칠 때만 관객은 감독과 거의 같은 위치에서 영화를 체험하게 된다. 그러므로 타르코프스키가 시로서의 영화를 추구하는 것은 관객이 그의 영화를 능동적으로 해석하고 이를 통해 세계를 새롭게 발견하도록 이끌기 위한 미학적 전략이라고 할 수 있다.

잉마르 베리만이 영화는 꿈이며 그런 측면에서 꿈의 세계를 완벽하게 구현한 타르코프스키가 가장 뛰어난 영화감독이라고 말했던가. 실제로 타르코프스키의 영화는 꿈과 관련이 깊고 현실과 꿈의 어딘가에 놓여있다. 현실과 꿈의 경계가 모호한 세계가 펼쳐지는 것이다. 타르코프스키의 영화에서 꿈은 다양한 이미지로 나타나는데, 그의 영화 속 인물들은 꿈을 통해 그들의 과거로 회귀하는 경우가 많다. 과거로 회귀함으로써 꿈은 자연스럽게 기억과 만난다. 요컨대 타르코프스키의 영화에서 현실은 꿈이자 기억이다. 타르코프스키는 이러한 놀라운 영화적 세계를 주로 롱테이크로 구현해낸다. 그는 영화 예술의 가능성이 시간에 있다고 믿었고, 따라서 관객이 그의 영화를 통해 시간을 온전히 체험하게 만드는 것은 그에게 중요한 일이었다. 자연스럽게 그에게 롱테이크는 영화 세계를 잘 구현하기 위한 표현 방식이 된다. 그가 프레임에 포착된 현실을 가능한 한 여러 컷으로 쪼개지 않고 오랜 시간 동안 보여줌으로써 현실을 온전하게 보존하고, 관객이 자연과 사물과 인간이 상호작용하는 가운데 드러나는 세계의 복합성을 통합적으로 경험하기 위해서는 롱테이크가 적합하다고 생각했기 때문이다.

〈노스텔지아〉

〈노스텔지아〉는 18세기에 이탈리아로 유학을 떠난 러시아의 음악가인 소스노프스키의 생애를 연구하기 위해 이탈리아를 방문한 러시아의 시인인 고르차코프가 향수병에 시달리는 내용을 담고 있다. 타르코프스키는 고르차코프가 향수병에 시달리는 모습을 시공간의 경계가 모호한 초현실주의적 기법을 통해 보여준다. 한 예로, 고르차코프가 어떤 장소를 방문하게 되면 그의 의식 세계에 또 다른 시공간이 침입하면서 시각화된다. 그래서 이러한 시각적인 기법을 통해 그는 현재 이탈리아에 있지만 동시에 러시아의 공간에 함께 존재하는 것처럼 형상화된다. 요컨대 〈노스텔지아〉는 이탈리아에서 향수병에 시달리는 고르차코프 내면의 여정을 통해 인류의 근원적인 향수와 연결된 구원의 문제에 대해 사색하는 작품이다.

시공간의 경계를 무너뜨리는 타르코프스키 특유의 연출 기법이 탁월하게 사용된 장면이 고르차코프가 묵는 호텔 시퀀스에 나온다. 이 시퀀스는 롱 쇼트로 시작한다.

고르차코프의 호텔 방에는 화면의 중앙에 침대가 있고 침대를 중심으로 대칭 구도로 되어 있다. 화면 좌측 후경으로 창문이 있는데 창밖으로는 비가 세차게 내리고 있다. 화면의 우측 후경에 화장실이 보인다. 고르차코프는 방에 들어와서 화장실과 작은 테이블에 있는 램프의 불을 끈다. 그리고 좌측 창문을 연다. 그리고 그는 침대에 앉는다. 어두운 실내지만 창으로 들어오는 빛 때문에 고르차코프의 윤곽은 분명하게 보인다. 그런데 시간이 지남에 따라 점점 고르차코프는 그의 형상을 잘 파악하기 힘들 정도로 어둠 속에 잠긴다. 화면상으로 볼 때 이것은 초현실적인 상황으로 보인다. 갑자기 고르차코프에게 비치던 빛이 사라질 근거를 화면 속에서 발견할 수 없기 때문이다. 고르차코프가 어둠 속에 잠기자 그는 졸린 듯 신발을 벗고 침대 위로 올라가서 눕는다. 이때부터 카메라는 점점 침대 쪽으로 가까이 이동하고 이전 장면에서 고르차코프의 환상으로 러시아 농가가 보일 때 들렸던 소리가 갑자기 들리기 시작한다. 그 소리가 들리는 가운데 갑자기 러시아 농가에서 보였던 개가 화장실에서 나타난다. 개는 고르차코프의 옆에 눕고 그는 개를 쓰다듬는다.

　카메라가 더욱더 고르차코프 쪽으로 가까이 이동하는 가운데 카메라의 정면으로 보이는 벽이 갑자기 밝아진다. 그리고 잠시 뒤 빗소리가 점점 잦아드는 동시에 고르차코프의 얼굴로 빛이 점점 들어오기 시작한다. 그리고 비가 그친 듯 빗방울만 드문드문 떨어지는 소리가 들리는 가운데 화면이 넘어가면 세피아 톤의 화면에서 고르차코프 아내의 옆얼굴이 보이고 그녀를 따라 카메라가 우측으로 슬로우 모션으로 이동하면 이태리어 통역사인 유제니아의 얼굴이 나타난다. 두 여성이 서로 포옹한다. 이러한 초현실적인 이미지는 유제니아가 방문을 두드리는 소리가 들리고 고르차코프가 깨어날 때까지 이어진다. 분명 편집 없이 카메라가 이탈리아의 호텔 방을 정면으로 보여줄 때 화면이 어두워지며 화장실에서 개가 등장하면 관객은 현실의 이미지로 보이던 것이 어느 순간 더 이상 현실이 아니며, 현실과 환상의 경계가 무너진 이미지로 변화했다는 것을 알게 된다. 영화는 그 순간 마법처럼 시가 된다.

이런 이미지들은 타르코프스키의 모든 영화에서 수없이 등장한다. 타르코프스키 영화의 이미지는 현실 세계의 시간이 흐르는 가운데 갑자기 그 세계를 침범하는 식으로 형상화될 때가 많다. 편집상으로 볼 때 현실의 이미지에 이어서 꿈이나 환상의 이미지가 갑자기 끼어드는 것이다. 이러한 침입으로 인한 이미지의 충돌은 관객의 의식에 충격을 가하고 의식을 각성시키며 새로운 세계를 발견하도록 이끈다. 갑자기 관객 각자의 내면을 들여다보게 만드는 것이다. 이것은 선형적인 시간을 거스르는 비선형적인 시간의 강력한 힘으로 가능해진다. 그리고 이러한 힘을 통해 관객은 타르코프스키가 강조한 시적 감흥을 비로소 느끼게 된다.

내가 〈희생〉을 사랑하는 이유

이제 〈희생〉에 대해 이야기할 차례이다. 타르코프스키의 일곱 편의 장편 영화는 모두 걸작이라고 생각하지만, 그중에서도 〈희생〉은 내가 가장 사랑하고 가장 중요하게 생각하는 영화다. 이 작품은 내 인생 최고의 영화 열 편에도 포함된다. 나는 도대체 왜 〈희생〉에 이렇게 빠져들게 되었는가? 무엇보다도 이 영화는 내게 예수 그리스도의 희생을 연상시킨다. 일반적으로 관객이나 평자들에게 타르코프스키의 다른 영화들에 비해 〈희생〉은 상대적으로 저평가되는 경향이 있다. 한 예로 영국 영화 잡지 『사이트 앤 사운드』의 역대 최고 영화 설문조사에서도 타르코프스키의 영화 중 〈희생〉은 저조한 투표수를 기록하기도 했다. 나는 그것이 타르코프스키의 다른 영화들과 다르게 상대적으로 〈희생〉이 직접적인 방식으로 메시지를 전달하고 있기 때문이라고 생각한다. 그럼에도 타르코프스키가 메시지를 전달하는 방식은 매우 세련됐고 예술적으로 뛰어나다. 그는 일정 정도 거리를 두면서 지극히 예술적인 방식으로 영화 속에 기독교의 진리를 담아내는 데 성공한 것이다. 그리고 이전의 그의 영화들이 다소 이미지적으로 복잡한 양상을 띠고 있었고 〈희생〉도 그런 경향이 전혀 없는 것은 아니지만, 나는 타르코프스키가 〈희생〉에 이르러 단순화의 경지에

도달했다고 생각한다. 단순화된 이미지들은 나무와 불로 압축될 것이다.

　장편 데뷔작인 〈이반의 어린 시절〉에서는 이반을 보여주던 카메라가 수직으로 상승하면서 영화가 시작되고 유작인 〈희생〉에서는 고센을 보여주던 카메라가 수직으로 상승하면서 영화가 끝난다. 타르코프스키의 영화 세계는 완벽한 수미상관의 형식으로 열리고 닫히면서 완성되는데, 그가 의도치 않았을지는 모르지만 〈희생〉이 결국 유작이 되었다는 맥락에서 본다면 이 영화의 엔딩을 통해 그의 예술이 완성되는 순간을 목격하는 것은 그저 경이롭고 감격적이다.(흥미롭게도 유작인 〈희생〉도 카메라가 수직으로 상승하면서 시작하고 수직으로 상승하면서 끝나는 수미상관의 구조다.) 〈희생〉 전체가 인류를 위한 하나의 간절한 기도로 느껴지는데 이 영화가 유작이라는 사실로 인해 더욱 그렇게 느껴지는 면은 있다고 본다. 그동안 나는 타르코프스키의 다른 영화들을 포함해서 수천 편의 영화를 봤는데, 그중에서 감독의 절절한 마음을 가장 많이 느꼈던 작품이 〈희생〉이다.

　스벤 닉비스트와 「마태 수난곡」

　〈희생〉을 얘기할 때 촬영감독 스벤 닉비스트의 뛰어난 영상미와 형언할 수 없는 감동을 주는 바흐의 「마태 수난곡」 중

「주여 불쌍히 여기소서」도 빼놓을 수 없다. 〈외침과 속삭임〉(1972), 〈화니와 알렉산더〉(1982) 등 잉마르 베리만의 걸작들에서 촬영을 담당했던 닉비스트는 〈희생〉에서 인간의 복잡한 감정을 카메라로 잘 포착하는 것은 물론이고 영혼의 떨림마저 잡아내는 데 성공한다. 시종일관 회화를 방불케 하는 화면 구도와 빛과 색채의 사용도 탁월하다.

　「마태 수난곡」은 내 영혼의 심연을 건드렸다. 클래식 음악 중에 루키노 비스콘티의 걸작 〈베니스에서의 죽음〉(1971)에서의 말러의 「교향곡 5번 4악장 아다지에토」를 제외하고 〈희생〉에서의 「마태 수난곡」만큼 들을 때마다 나를 완전히 사로잡아버리는 곡은 없다. 나는 〈희생〉을 통해 「마태 수난곡」을 처음 들었는데, 그 이후로 이 곡을 들을 때마다 〈희생〉의 이미지들이 오버랩되며 울컥하는 심정이 되며 그 순간 내가 영적인 존재라는 것을 자각하게 된다. 그리고 숭고미의 절정을 경험하게 된다. 타르코프스키는 그의 영화들에서 바흐의 음악들을 많이 사용해왔고 그 음악들의 사용은 늘 훌륭했지만, 특히 〈희생〉의 경우 「마태 수난곡」이 없었다면 과연 〈희생〉이 지금과 같은 감동을 줄 수 있었을까 하는 생각이 들 정도로 탁월한 선곡이었다고 생각한다. 〈희생〉은 「마태 수난곡」의 선율이 표현하고자 하는 것과 같이 하나님에 대한 간절한 염원으로 가득 찬 영화이기 때문이다. 「마태 수난곡」이 예수 그리스도의 수난을 다룬 마태복음의 내용을 바탕으로 만들어진 종교 음악이라는 점도 예수 그리스도의 희생을 즉각적으로 떠올리게 만드는 〈희생〉과 자연스럽게 연결된다.

〈희생〉의 오프닝 크레딧

〈희생〉은 「마태 수난곡」이 흐르는 가운데 카메라가 레오나르도 다빈치의 「동방박사의 경배」의 일부를 클로즈업하며 시작한다. 이 그림은 오프닝 크레딧뿐만이 아니라 영화 속에서 여러 번 등장하는데 이 영화에서 중요한 모티브로 사용된다. 그림 속에서 동방박사가 아기 예수에게 몰약을 바치는 모습을 볼 수 있는데, 동방박사가 예수를 찾아온 것은 예수가 인류를 구원할 메시아로 왔음을 예감하고 있기 때문이다. 인류의 구원은 십자가에서의 죽음과 부활에 의한 예수 그리스도의 희생을 통해 성취되는데 이것은 알렉산더가 그의 집을 불태우는 희생과 관련된다. 3차 세계대전이 발발한 후 절망감에 사로잡힌 알렉산더는 하나님에게 3차 대전 이전 상황으로 돌려준다면 가족과 집을 모두 버리고 침묵하겠다는 서원기도를 한다. 그리고 하나님은 알렉산더의 기도에 응답해서 세상은 3차 대전 이전의 평온한 상황으로 돌아간다. 이렇게 되자 알렉산더는 하나님과의 약속을 이행하기 위해 그의 집을 불태우는 희생을 감행하게 되는 것이다. 이러한 알렉산더의 행위는 인류를 구원하기 위한 그리스도적 실천에 해당한다. 따라서 타르코프스키는 이미 영화의 오프닝에서 「동방박사의 경배」를 통해 이 영화의 주제를 함축적으로 전달하고 있다.

오프닝 크레딧의 막바지에 이르면 「마태 수난곡」이 점점 잦아드는 가운데 갑자기 갈매기와 잔잔한 파도 소리가 들려오기 시작한다. 그때부터 카메라는 천천히 수직으로 상승하며 잎이 무성한 나무가 보일 때까지 움직인다. 「동방박사의 경배」가 예수의 희생을 통해 인류가 구원받을 것이라는 내용을 담고 있다는 맥락에서 볼 때, 이 생명력이 넘치는 나무는 인류가 구원받으리라는 희망을 상징하는 것처럼 보인다. 잎이 무성한 나무를 보여주던 화면이 컷 되면 비로소 알렉산더가 바닷가에 죽은 나무 한 그루를 심고 있는 모습이 나오고, 그제야 관객은 파도 소리가 알렉산더가 서 있는 곳 부근에서 들려온 소리라는 것을 알게 된다. 알렉산더는 나무를 심으며 그의 아들인 고센에게 어느 수도승이 죽은 나무에 3년 동안 물을 줬더니 그 나무에 꽃이 만발했다는 이야기를 들려준다. 이렇게 「동방박사의 경배」의 그림 속 나무와 현실에서의 죽은 나무를 병치하는 방식은 이미 이 영화 후반부의 기적을 예고한다. 타르코프스키는 그 기적에 대한 복선으로 소리를 이용한다. 그림에 실제 소리가 입혀지면서 마치 그림이 살아난 것 같은 효과를 통해 일종의 기적 같은 순간이 도래한다고 볼 수 있는데,

이것은 실제로 영화 속에서 죽은 나무가 그림 속 잎이 무성한 나무로 변화될 것이라는 미래를 예견하게 만들기 때문이다. 이것이 바로 타르코프스키가 〈희생〉을 통해서 말하고자 하는 것인데, 영화의 오프닝에서 그는 이미 소리와 이미지의 정교한 배치를 통해 관객이 그런 순간을 마주하도록 이끈다.

세 개의 장면

나도 첫 관람 때 〈희생〉을 보면서 좋았고 철학적 대사가 난무하며 느린 전개로 일관하는 이 영화가 난해하다는 데 동의하면서도 한편으로 타르코프스키의 영화가 생각만큼 난해하지 않고 충분히 접근할 수 있는 영화라는 말도 꼭 하고 싶다. 실제로 타르코프스키는 한 여성 관객이 그의 영화 중 가장 난해하기로 소문난 〈거울〉(1975)을 본 이후의 감동을 적어 보낸 편지에 관해 얘기하면서 스스로 그의 영화를 변호한 적도 있는데 나는 그의 의견에 동의하는 쪽이다. 상대적으로 타르코프스키의 다른 영화들에 비해서 단순하고 명료한 이미지들이 많은 〈희생〉이 대중 친화도가 높아 보이기도 한다. 그래서 이 영화를 볼 관객이 딱 세 개의 장면만 제대로 봐주기를 바라는 마음이다. 이 장면들만 제대로 봐도 이 영화를 본 것에 대해 후회하는 일은 없을 것이다.

첫 번째 장면, 오프닝

첫 번째 장면은 알렉산더와 고센이 함께 죽은 나무를 심는 롱테이크 시퀀스다. 타르코프스키가 그의 일곱 편의 영화 중에서 〈희생〉만큼 관객이 등장인물들과 함께 호흡하면서 차분하게 화면을 따라갈 수 있도록 설계한 오프닝을 보여준 적은 없다. 타르코프스키의 다른 영화들의 오프닝은 지속 시간이 긴 쇼트가 포함된 경우에도 〈희생〉의 오프닝보다 더 많은 쇼트로 구성되어 있고 복잡한 인상을 주기 때문이다. 이런 측면에서 볼 때 타르코프스키가 이 영화에서 그의 이전 작품들에 비해 관객을 좀 더 배려한 것 같다는 느낌도 든다. 익스트림 롱 쇼트로 화면의 후경에 있는 알렉산더가 죽은 나무를 심는 모습에서 영화가 시작되는데, 나무 심기를 마치자 자전거를 탄 우체부인 오토가 등장하고 알렉산더와 고센이 함께 화면의 좌측으로 걸어간다. 오토가 그들을 따라오면서 알렉산더와 대화를 나누는 가운데 세 인물은 점점 카메라 앞으로 다가와 화면은 롱 쇼트로 변화된다. 이런 과정에서 관객은 일상생활에서 멀리에서 보던 사람을 점차로 가까운 거리에서 보고 점점 더 이해하게 되는 것처럼, 고틀란드섬의 아름다운 자연 풍광과 더불어 점점 세 인물에게 빠져들게 되고 극에 몰입하게 된다. 단순하지만 강력하고 아름다운 힘을 지닌 롱테이크가 아닐 수 없다.

이 장면에서 알렉산더와 고센은 계속 직선으로 이동하고 오토는 자전거를 타고 그들 주변을 맴돌며 계속 곡선으로 이동한다. 이러한 직선과 곡선의 아름다운 움직임과 교차도 주목할 만한데, 이러한 운동성은 은근한 방식으로 화면에 활기를 불어넣고 있으며 이 장면을 표면적으로 보이는 것을 넘어서 추상적인 수준으로까지 격상시키기 때문이다. 이 장면의 추상성은 이 영화가 알렉산더의 움직임이 만들어내는 선들로 이루어져 있다는 사실과 결부되어있으며 이것은 서사적 맥락과도 연결된다. 이 영화에서 오토는 알렉산더가 인류를 구원하는 과정에서 중요한 역할을 하는 인물인데 오토와 알렉산더의 관계가 직선과 곡선의 교차라는 시각적인 운동을 통해서 표현되고 있기 때문이다. 그러니까 오토는 알렉산더의 삶에 신비로운 방식으로 간섭하는 인물인 셈이다. 고센이 오토의 자전거에 줄을 매달아 장난을 치는 모습을 통해 고센의 천진난만함이 잘 표현되고 있는데 이러한 성격화도 시각적인 유머를 통해 전달된다. 이 장면에서 알렉산더가 고센에게 들려주는 수도승에 관한 이야기와 알렉산더가 오토와 나누는 대화를 통해 타르코프스키는 앞으로 전개될 이야기에 대한 복선도 잘 배치해둔다. 이렇게 타르코프스키는 이 롱테이크 시퀀스에서 세 인물을 관객에게 차분하고 편안한 방식으로 소개하며 과시적이지 않게 시각적인 쾌감을 안겨주는 운동성을 동반하는 지극히 영화적인 화법으로 탁월하게 도입부를 완성한다.

두 번째 장면, 불타는 집

두 번째 장면은 내가 이 영화에서 가장 압권이라고 생각하는 알렉산더의 집이 불타는 롱테이크 시퀀스다. 〈희생〉을 처음 봤을 때 가장 인상적인 장면이 바로 이 장면이고 지금도 변함이 없다. 하나님과의 약속을 지키기 위해 모든 소유물을 포기하고 모든 인간적인 관계도 끊는 행위로써 본인에게 소중한 집을 불태우고 침묵한 채로 정신병원으로 들어가는 알렉산더의 숭고한 모습을 지켜보는 것 자체만으로도 묵직한 울림이 있다. 관객은 롱테이크를 통해 알렉산더의 집이 불타서 결국 무너져내리는 순간까지의 과정을 실시간으로 지켜보게 된다. 그런데 희생의 실천으로써 본인의 집을 불태워버리는 것은 영화뿐 아니라 현실에서도 보기 힘들다. 아직도 나는 현실에서 그런 희생의 광경을 본 적이 없다.

타르코프스키는 알렉산더의 집이 불타는 장면을 반드시 롱테이크로 찍는 것을 고집했다. 그래서 그는 촬영상의 실수로 인해 이 장면을 재촬영해야 하는 상황에서 편집을 통해 장면을 구성해보자는 제작자의 말도 무시하고 결국 똑같은 집을 다시 짓고 재촬영을 통해 이 장면을 완성했다. 그 정도로 타르코프스키에게 이 장면은 각별한 의미가 있었다. 그는 이 장면을 롱테이크로 찍은 이유에 대해 관객이 알렉산더의 내면에 집중하게 만들고 싶었기 때문이라고 말했다. 이런 일화를 고려한다면 이 장면은 영화 이상의 의미를 지니게 된다. 이 장면은 단순히 알렉산더의 희생으로 끝나는 것이 아니라 타르코프스키가 영화를 통해 염원을 담아 희생을 실천하는 순간이기도 한 것이다. 이 장면을 볼 때마다 희생을 실천하고자 하는 타르코프스키의 간절한 마음이 전해진다.

그래서 나는 이 장면을 차라리 또 다른 현실이라고까지 칭하고 싶다. 전 세계 어느 곳에서라도 〈희생〉이 상영된다면 우리는 현실에서도 보기 힘든 희생의 순간과 마주하게 될 것이기 때문이다. 타르코프스키는 희생의 실천으로써 집이 불타는 장면을 실시간으로 필름에 기록했고 그럼으로써 이 장면은 영원히 이 세계에 남았다. 단 한 사람일지라도 누군가는 이 영화를 보고 희생의 의미를 깨닫고 이 영화의 정신을 이어받아 현실에서 실제로 희생을 실천할지도 모를 일이다. 타르코프스키는 현실에서도 결코 무시할 수 없는 숭고한 이미지를 남긴 것이다.

알렉산더의 집이 불타는 롱테이크 시퀀스에서 알렉산더를 포함한 여러 인물의 복잡한 동선은 경탄을 자아낸다. 집이 불타는 가운데 단 한 번의 기회로 배우들이 서로 합을 맞춰야 하는 상황임을 고려할 때 아무리 리허설을 많이 하고 찍은 장면이라고 할지라도 지금과 같이 완벽하게 장면이 연출됐다는 건 놀랍다. 도대체 이게 어떻게 가능한지에 대해 타르코프스키에게 직접 묻고 싶은 심정이 들 정도다. 이 장면에서 무엇보다도 알렉산더의 움직임이 압권이다. 이전 장면들에 비하면 알렉산더는 다소 우스꽝스러운 면모를 보이면서 불타고 있는 그의 집 쪽으로 한쪽 다리를 절면서 끊임없이 움직이는데 이러한 연출 방식은 탁월하다. 아이러니하게도 알렉산더의 우스꽝스러운 모습을 통해 이 장면이 오히려 숭고해지기 때문이다. 타르코프스키가 숭고한 순간을 알렉산더의 점잖고 진지한 모습을 통해 보여줬다면 관객은 지금과 같은 숭고한 체험을 하기 힘들었을 것이다. 성스러운 바보를 연상시키는 알렉산더의 모습은 일정 부분 거리 두기의 효과를 발생시키며 이 장면을 볼 때 관객이 온전히 집이 불타고 있는 현상 자체에 집중하게 만드는데, 이 현상을 온전히 체험하는 것이 관객의 정서에 영향을 미치기 때문이다. 알렉산더는 전화벨 소리와 차에 불이 옮겨붙으면서 나는 폭발음에 반응하거나 그들을 쫓아오는 가족들이나 구급차 요원들을 피하면서 뛰어다니며 복잡한 동선을 만든다. 이 영화의 오프닝에서 알렉산더, 고센, 오토가 만들어내는 동선들과 어느 정도 대구를 이루듯이 하나의 소동극이 펼쳐지면서 알렉산더를 비롯한 수많은 인물이 만들어내는 동선들은 강렬한 불의 이미지와 함께 인물들의 관계와 상징과 은유 등 함축적으로 많은 것을 전달한다. 그야말로 타르코프스키가 압도적으로 시네마를 구현해내는 순간이 아닐 수 없다. 이 장면을 보면서 관객은 각자가 나름의 해석을 하는 것이 가능한데 이것은 그가 지향하는 시적인 연출 방식 때문이다.

세 번째 장면, 엔딩

세 번째 장면은 알렉산더의 집에서 일하는 하녀인 마리아가 죽은 나무에 물을 주는 고센을 바라보고, 고센이 그 나무 밑에 누워서 나무의 위쪽을 바라보는 장면인데 이 영화의 엔딩에 해당한다. 이 장면에서는 단순하고 명징하고 시적인 이미지가 빛을 발한다. 그리고 이 장면은 3차 세계대전이 언제 일어났었냐는 듯 너무나 평화로운 분위기로 가득하다. 타르코프스키는 전쟁이 발발한 이후 화면이 어두워지고 혼란 속에 빠진 인물들을 보여주다가 다시 전쟁 이전 상황으로 돌아갔다는 것을 어떤 요란한 특수 효과도 없이 햇빛이 가득하고 평온한 대지의 풍경과 함께 여느 때와 다름없는 일상이 회복되었다는 사실을 전달하는 이미지들을 통해 보여준다. 이러한 단순한 방식의 시각화는 관객에게 거창하게 상황을 묘사하는 것보다 오히려 마치 영화가 다시 시작되는 것 같은 마법을 선사하며 일상의 이미지들을 심오한 수준으로 끌어올린다.

죽은 나무에 물을 주기 위해 힘겹게 물이 든 양동이를 천천히 옮기는 고센의 발걸음과 함께 엔딩 시퀀스가 시작된다. 곧이어 알렉산더가 심은 죽은 나무가 있는 쪽으로 가기 위해 화면의 우측으로 자전거를 타고 움직이는 마리아가 보이는데 자전거의 경쾌한 운동은 화면에 활력을 불어넣는다. 마리아의 후경으로는 들판이 펼쳐져 있으며 방목하는 소들의 무리가 보이고 알렉산더를 태운 구급차가 등장해서 고센이 서 있는 죽은 나무가 있는 쪽으로 움직인다. 마리아가 탄 자전거의 움직임을 통해 장면을 매개하는 방식은 탁월하다. 알렉산더의 집이 불타는 현장에 있던 마리아가 자전거를 통해 고센이 있는 곳으로 이동해 온 것인데, 그렇게 해서 알렉산더의 행위―불의 이미지―와 고센의 행위―물의 이미지―가 자연스럽게 연결되어 관객에게 두 장면 간의 관계를 통합적으로 사유하도록 유도한다. 그리고 서사적인 맥락에서도 마리아가 알렉산더와 고센을 이어주는 역할을 하고 있기도 하다. 마리아의 이동을 통해 한순간 마리아와 구급차와 고센은 거의 교차하듯 작은 지점에서 만나게 된다. 이때 자전거와 구급차가 만들어내는 선들의 움직임이 말보다 더 많은 것을 전달한다. 관객은 이 모습을 통해 아들의 미래를 위해 희생하는 아버지 알렉산더와 아버지의 뜻을 실천하려는 고센 그리고 전쟁 이전 상황으로 세상을 되돌리는 데 결정적인 역할을 했고 부자지간의 애틋한 관계를 말없이 바라보는 마리아까지 이 세 인물 간의 감정들에 서서히 젖어 들게 된다.

구급차를 바라보고 서 있던 고센은 구급차가 사라지자 죽은 나무에 양동이의 물을 천천히 붓는데 이때부터 「마태 수난곡」이 들리기 시작한다. 고센이 나무에 물을 주는 쇼트는 부감으로 찍혀있는데 나무 뒤로 바다가 펼쳐져 있고 아름다운 윤슬이 보인다. 이 윤슬은 이 영화의 마지막 쇼트와 연결되는 이미지로 기적의 순간을 예고한다. 마리아는 고센에게 다가가지 않고 멀리서 그를 오랫동안 지켜보다가 자전거를 타고 천천히 그 자리를 떠나간다. 이 관조적인 쇼트 없이 고센의 근접 쇼트가 바로 나왔다면 지금과 같은 감동은 덜 했을 것이다. 마리아가 고센을 바라보는 쇼트는 존 포드 영화에서 무수히 등장하는 시선 쇼트와 유사한 기능을 한다. 이 시선 쇼트는 즉각적으로 바라보는 대상에 몰입시키는 것이 아니라 적절한 거리를 두고 대상을 관찰하게 만드는데 그렇게 함으로써 관객이 카메라를 통해 대상을 바라보는 데 있어서 상상력을 동원할 수 있는 시적인 여백이 생겨난다. 따라서 〈희생〉에서의 이 쇼트를 통해 마리아의 시선을 경유해 관객은 고센을 바라보면서 여러 가지 생각들을 할 수 있게 되는 것이다.

고센이 죽은 나무 밑에 평온하게 누워있는 모습을 근거리에서 보여주는 쇼트가 이 영화의 엔딩을 장식한다. 죽은 나무한 그루와 소년이라는 단순한 이미지이고 이것은 타르코프스키의 장편 데뷔작인 〈이반의 어린 시절〉의 오프닝에 등장했던나무 한 그루와 소년의 이미지와 대구를 이룬다. 실어증을 앓는 고센은 하늘을 바라보며 갑자기 "태초에 말씀이 있었다는데 그게 무슨 뜻이죠, 아빠?"라고 묻는다. 이 영화에서 고센이최초로 말하는 순간인데 이것은 기적이라 불러야 마땅하다.

영화의 도입부에서 고센의 수술을 담당했던 빅터가 고센이곧 말을 하게 될 거라곤 했지만, 그것이 언제인지는 알 수 없다. 그런데 영화의 마지막 순간에 고센이 말을 한다는 것 그리고 그가 처음 하는 말에 요한복음 1장 1절에 해당하는 내용이 담겨있다는 것으로 볼 때, 타르코프스키는 명백히 이 장면에서 기적을 보여주고 있다. 집을 불태우는 알렉산더의 희생과 침묵이 이러한 기적을 가능케 했다. 알렉산더가 침묵하는대신에 고센은 말을 하게 된 것이다. 요한복음 1장 1절의 전체내용은 '태초에 말씀이 계시니라. 이 말씀이 하나님과 함께 계셨으니 이 말씀은 곧 하나님이시니라.'인데 이 구절에서 '말씀'은 예수 그리스도를 뜻한다. 따라서 고센이 요한복음 1장 1절을 인용하면서 말을 하는 것은 예수 그리스도와 관련되어 있다는 것을 알 수 있고 고센이 알렉산더에게 한 질문에 마치 응답이라도 하듯이 단호하고도 확신에 찬 카메라가 나무줄기를 따라 수직으로 상승하는 움직임을 통해 이러한 사실은 더 명확해진다.

    카메라가 점점 상승함에 따라 죽은 나무 뒤로 나타난 윤슬이 나뭇가지들과 겹쳐 보이기 시작하는데 나뭇가지들을 반짝반짝 빛나게 만드는 수많은 윤슬로 인해 관객은 죽은 나무가 마치 다시 살아난 것 같다는 기적과 마주하게 된다. 엄연히 따지면 나무와 '윤슬'이 만나서 죽은 나무가 살아난 것처럼 보이지만 타르코프스키는 이 영화의 오프닝에 나온 수도승의 이야기에서처럼 이 순간 죽은 나무에 꽃이 필 것이라는 사실을 전혀 의심하지 않은 채 우리에게 이런 이미지를 보여준다. 그의 믿음과 확신을 바탕으로 현재에 당도한 미래의 이미지가 제시되고 있다. 그리고 관객이 타르코프스키와 같이 이 이미지를 믿는 순간 이것은 더 이상 착시 현상이 아니다. 믿음에 의해 죽은 나무에 꽃이 피었다는 것은 사실이 되고 그것이 바로 기적이다. 타르코프스키는 마지막 이미지를 통해 우리의 믿음을 시험대에 올린다. 나는 타르코프스키의 믿음을 받아들였고 그럼으로써 마지막 이미지를 보면서 영혼의 흔들림을 느꼈다. 그렇다. 알렉산더의 희생을 통해 죽은 나무에 꽃이 피었다. 타르코프스키는 우리가 이 사실을 믿기를 간절히 원하고 있다. 그리고 이것은 이 영화의 마지막에 등장하는 자막을 통해서도 확인된다. 빛을 머금은 듯 점차로 밝아진 화면에 다음과 같은 글이 새겨진다.

'나의 아들 앤드류사를 위해 희망과 확신으로 이 영화를 만듭니다. 안드레이 타르코프스키'

이 자막은 단순히 자막이 아니라 마지막 이미지의 일부와도 같다. 이 자막이 없었다면 마지막 이미지에 대한 확신이 지금보다 덜했을 수도 있기 때문이다. 「마태 수난곡」을 배경으로 자막이 등장하는 순간, 가능성과 추측은 확신으로 굳어지는데 나는 〈희생〉만큼 이렇게 감동을 주는 자막을 본 적이 없다. 그리고 이 자막을 통해 우리는 〈희생〉에서의 알렉산더와 고센과의 관계가 현실에서의 타르코프스키와 그의 아들 앤드류사의 관계와 닮아있다는 것을 추측해볼 수 있게 된다. 타르코프스키는 앤드류사의 미래를 위해 이 영화를 만들었던 것이다.

어느 시점부터 나는 이 영화의 마지막 이미지에 등장하는 앙상한 나뭇가지들을 보면서 예수 그리스도가 머리에 썼던 가시 면류관이 떠올랐고 그로 인해 엔딩에 대한 감동은 더욱 커졌다. 가시 면류관 또한 인류를 구원하기 위한 예수 그리스도의 희생과 관련이 있기에 〈희생〉과 충분히 결부시킬 수 있는 이미지이기도 하다. 〈희생〉의 마지막 이미지는 정말 맑고 소박하다. 연약하고 애처로워 보일 정도다. 그러나 타르코프스키의 믿음과 확신에 따라 이 이미지는 그 어떤 이미지보다

136

숭고하고 거대하게 느껴진다. 이렇게 타르코프스키는 그의 영혼의 순례 여정에 아름답고 고귀한 마침표를 찍는다.

부디 이 글을 읽고 단 한 명이라도 극장에서 큰 스크린을 통해 인류를 위한 타르코프스키의 간절한 기도를 체험하게 되기를 진심으로 바라면서 〈희생〉에 대한 희망과 확신으로 이 글을 마친다.

(웹진 《시네마토그래프》 2024.09.07)

흐르는 강물처럼

나루세 미키오

2002년 8월, 나루세 미키오 회고전이 열린 이래 나루세 미키오는 국내 영화 애호가들에게 익숙한 이름이 되어 왔다. 전세계적으로도 일본의 거장들인 오즈 야스지로, 구로사와 아키라, 미조구치 겐지에 비해 덜 알려진 나루세 미키오의 영화는 2002년 첫 국내 상영 이래 꾸준히 상영되고 있다.

나루세 미키오는 일본 영화의 1세대를 대표하는 감독이자 세계영화사에 남는 거장이다. 우리가 잘 아는 왕가위, 고레에다 히로카즈, 에드워드 양, 허우 샤오시엔, 허안화 등 아시아의 유명 감독들이 나루세 미키오를 상찬했으며 국내에서는 대표적으로 박찬욱 감독이 줄곧 나루세에 대한 애정을 표해왔다. 〈친절한 금자씨〉(2005)에서 나루세 미키오에 대한 존경의 의미로 '나루세 빵집'을 등장시킨 것은 유명한 일화이며, 〈아가씨〉(2016)에서 극 중 여주인공의 이름을 '히데코'로 지은 것도 나루세 미키오의 뮤즈인 일본의 대배우 다카미네 히데

코로부터 따온 것이라고 인터뷰에서 밝힌 바 있다. 실제로 위에 언급한 감독들의 작품에서 나루세의 영향을 발견할 수 있으며 개인적으로 왕가위의 〈화양연화〉에서도 나루세 미키오의 〈부운〉(1955)이나 〈흐트러진 구름〉(1967)의 흔적을 발견할 수 있다. 수십 년 전에 만들어졌다는 것이 믿기지 않을 정도로 세련된 화법을 구사하고 있으며 당대의 사회 현실을 민감하게 포착하는 데에도 소홀하지 않았던 나루세 미키오의 영화들은 주로 여성을 주인공으로 하여 서민 계층의 일상사를 섬세하게 그려낸다.

〈번개〉(1952), 〈흐르다〉(1956), 〈산의 소리〉(1954), 〈흐트러지다〉(1964), 〈흐트러진 구름〉 등 영화 제목만으로도 나루세 영화의 핵심을 짐작할 수 있다. '번개'가 치는 듯한 찰나의 순간을 놓치지 않고 그 찰나의 순간이 인물 관계에 어떤 영향을 끼치는지 섬세하게 들여다보는 것이 나루세 미키오의 장기이다. 나루세의 영화에선 사소해 보이는 인물의 몸짓 하나, 그 인물이 공간 속에 놓여있는 각도와 위치 하나도 놓치지 않아야 한다. 영화 제목처럼 '흐르다', '흐트러지다'와 같은 '상태'의 이미지가 나루세 미키오 영화의 중요한 특징이다. 나루세 미키오는 마음의 행로를 찍는 감독이다. 그 마음이 어디로 가야 할지 갈팡질팡하는 가운데 흐트러지기도 하는 것이다. 그런데 그 마음의 흐름이라는 것을 나루세는 어찌나 유려하게 연출해내는지 마치 편집이 없이 만들어진 화면을 보는 듯한 착각이 들 정도다. 마음의 흘러감이 정념과 결합할 때 나루세만의 세련된 멜로드라마가 비로소 탄생한다. '산의 소리'라는 표현이 느끼게 만드는 정서가 있다. 나루세 미키오는 영화 속에서 무드를 만들어내는 데 타의 추종을 불허하는 솜씨를 발휘한다. 한 공간에 남자와 여자 그리고 공간을 밝히는 등불 하나만 있으면 충분하다. 나루세는 그러한 단순한 몇 가지 재료들만 가지고도 드라마의 맥락에 맞는 분위기와 정서를 탁월하게 만들어낸다.

나루세 미키오의 영화에서 가장 중요한 부분 중 하나는 '시선'이다. 인물들, 특히 남녀가 주고받는 시선이 대표적이며 그 인물들을 바라보는 다른 사람들의 시선, 그리고 모든 인물을 지켜보는 카메라의 시선이 있다. 나루세는 그 시선 하나만으로도 영화 한 편을 찍을 수 있는 감독이라고 말할 수 있다. 그렇기에 그 시선을 놓치는 순간 그만큼 나루세 영화의 비밀은 감추어지게 될 것이다. 시선을 매개로 진행되는 영화에선 자연스럽게 서스펜스가 중요한 자리를 차지한다. 기본적으로 인물들이 주고받는 시선은 무엇을 감추거나 드러냄으로써 서스펜스를 유발한다. 마음은 늘 일정 부분은 감추어져 있고 쉽사리 드러나지 않는 것인데 나루세가 주목하고 있는 것이 마음이기에 그 또한 서스펜스를 유발하는 유리한 조건이되는 것이다. 이러한 관점에서 본다면 〈아내의 마음〉(1956)은

서민극을 빙자한 스릴러라고도 볼 수 있으며 〈흐트러진 구름〉은 '서스펜스 멜로'라는 말을 붙여도 무방할 정도로 서스펜스적 요소와 멜로적인 요소가 이상적으로 결합되어 있다고 볼 수 있다. 나루세는 말년에 〈여자 안의 타인〉(1966), 〈뺑소니〉(1966)와 같은 서스펜스 스릴러를 연출했다. 시선의 서스펜스를 구사한다는 측면에서 나루세는 언뜻 보기에 그와 전혀 공통점이 없을 것 같은 한 감독과 자연스럽게 만나게 되는데 바로 히치콕이다. 히치콕이 사건을 중심으로 서스펜스를 만들어간다면 나루세는 사건이라고도 정의하기가 애매한 일상의 소소한 순간들 속에서 서스펜스를 만들어간다. 그렇게 본다면 나루세 미키오는 히치콕적인 서스펜스를 일상의 영역으로 끌고 들어온 것이라고도 볼 수 있지 않을까. 이렇게 나루세 미키오의 영화와 서스펜스의 관계는 흥미롭기 그지없으며 반드시 짚고 넘어가야 할 미지의 연구 영역이 아닌가 싶다.

나루세의 영화에서의 '공간'의 문제 역시 생각해볼 만하다. 공간을 누가 점유하고 있으며 그 주도권을 가지고 있느냐가 중요하게 다뤄진다. 나루세의 대표작 중의 하나인 〈번개〉를 예로 들어보자. 이 영화는 기요코(다카미네 히데코)가 이복 남매들로 구성된 가족들과의 삶에서 벗어나 당당한 삶의 주체로 변모해가는 과정을 보여주고 있다. 기요코는 처음에 이복 언니인 미츠코의 집에 얹혀살고 있지만 미츠코의 가게가 문을 닫고 어머니와 함께 살게 된다. 그러나 미츠코 남편의 죽음으로 인해 그녀가 받게 된 보험금 때문에 가족들 간의 다툼이 일어나자 가족들에게 질려버린 기요코는 한 늙은 과부의 집에서 하숙을 하게 된다. 하숙집 2층의 공간에서 비로소 그녀는 당당한 삶의 주체로서 살아가게 된다. 이렇게 이 영화에서 기요코가 주체성을 획득해가는 과정은 그녀가 공간의 주체로서 변모해가는 과정과 정확하게 맞물려 있다. 그리고 이 영화에서 2층의 공간은 좀 더 미묘한 함의를 품고 있다. 어머니의 집 2층에 하숙을 하고 있던 젊은 여성인 카쓰라와의 만남은 기요코가 결국 집을 떠나 새로운 공간에 정착하게 되는 결정적인 계기를 제공하게 된다. 그런데 흥미롭게도 기요코가 새롭게 살게 되는 하숙집의 공간 역시 2층이다. 그렇게 본다면 2층 공간은 젊은 여성들의 연대의 공간이자 기요코의 독립을 예고하는 공간이다.

나루세 미키오만큼 세련된 영화를 만드는 감독은 정말 드물다. 그 이후 세대의 감독인 마스무라 야스조, 요시다 기주가 보여주는 모던함을 나루세의 영화들이 이미 선취하고 있는 것은 아닌가 하는 생각마저 든다. 단순해 보이지만 다양한 함의를 지닌 작품을 만들고 순수한 영화적 운동으로 가득한 영상 속에서 흘러가는 삶을 정밀하게 포착한 나루세 미키오. 영화의 비밀을 품고 있는 그의 영화들은 앞으로도 우리에게 놀라운 발견의 기회를 제공할 것이다.

《쿨투라》 2016년 여름호

진실과 마주하는 법
〈파벨만스〉

스티븐 스필버그의 〈파벨만스〉(2022)는 그의 어린 시절 이야기가 담긴 자전적인 영화다. 토니 커쉬너와 함께 각본에 참여한 이 영화는 부모의 이혼, 거장 존 포드를 만났던 일화 등 실제로 스필버그의 삶으로부터 나온 에피소드로 가득하다. 이 영화를 통해 우리는 스필버그가 자신의 영화에서 가족을 왜 그리 중요하게 다뤘는지 이해할 수 있으며 미래 그의 영화들의 기초가 될 요소들을 미리 엿볼 수 있다. 스필버그의 어머니인 레아 아들러(극중 이름은 미치) 역을 맡은 미셸 윌리엄스, 스필버그의 아버지인 아놀드 스필버그(극중 이름은 버트) 역을 맡은 폴 다노, 스필버그(극중 이름은 새미) 역을 연기한 가브리엘 라벨 등 배우들의 경이로운 연기와 스필버그의 오랜 파트너들인 촬영감독 야누스 카민스키, 작곡가 존 윌리엄스와의 협업 역시 최고의 결과를 끌어내는 데 일조했다. 〈파벨만스〉는 다른 스필버그의 영화들에 비해 상대적으로 소품인 것으로 보일 수 있으나 스필버그 자신이 과거의 삶을 회고

하면서 영화와 삶의 관계를 깊이 있게 들여다본 놀라운 통찰로 가득 찬 걸작이다.

1952년 뉴저지, 새미(가브리엘 라벨)는 그의 부모님인 버트(폴 다노), 미치(미셸 윌리엄스)와 함께 난생처음 극장에 세실 B. 드밀의 〈지상 최대의 쇼〉(1952)를 보러 간다. 그는 영화 속에서 기차와 자동차가 충돌하면서 기차가 전복되는 장면을 보고 그 이미지에 매혹당하는 동시에 공포에 사로잡힌다. 미치는 새미의 공포감을 없애주기 위해 버트의 8mm 카메라로 모형 기차와 자동차가 충돌하는 것을 찍자고 제안하고 이를 계기로 새미는 영화 만들기의 재미에 빠져들기 시작한다. 동생들을 비롯한 가족 모두를 동원하면서 다양한 장르의 영화들을 찍어가던 새미는 어느 날 버트의 부탁으로 캠프 영화를 만들기 위해 편집을 하는 과정에서 가족의 비밀을 알게 되고 충격을 받는다.

스필버그는 자신의 전작들이 본인의 경험을 바탕으로 만들어졌다면 〈파벨만스〉는 자기의 기억 자체를 그대로 영화로 옮긴 것이라고 말한다. 따라서 이 영화는 픽션이지만 동시에 일정 부분 다큐멘터리의 성격을 지닌다고 볼 수 있다. 이 영화를 장르로 따지자면 기본적으로 새미의 가족 이야기를 담았다는 측면에서 가족 멜로드라마라 할 수 있다. 그런데 동시에 이 영화는 새미가 8mm 카메라를 손에 든 이후로 영화를 계속 만들게 되고 그런 가운데 영화를 통해 타인과 세계를 이해하면서 점점 미래의 거장이 될 자질들을 갖춰 나간다는 측면에서 보자면 성장 영화이자 '영화'에 관한 영화이기도 하다.

흥미로운 것은 〈파벨만스〉에서 가족 멜로드라마와 '영화'에 관한 영화라는 이 두 가지 차원은 불가분의 관계에 있다는 것이다. 가족 멜로드라마를 새미의 삶이라고 보고 '영화'에 관한 영화를 새미의 영화라고 본다면 이 작품에서 삶과 영화는 하나다. 이러한 특징은 〈파벨만스〉가 기존의 수많은 '영화'에 관한 영화들과 결정적으로 다른 점이며 이 영화를 진정으로 놀라운 작품으로 만드는 핵심 요소이다.

가령 기존의 영화들에서 영화에 빠진 주인공이 영화감독으로 성장하는 이야기를 보여준다고 했을 때 그 영화들에서 주인공의 가족 이야기는 극적으로 최소의 기능만을 하는 배경으로 머무는 경우가 대부분이다. 주인공 가족 이야기와 극 중 주인공이 경험하는 영화의 세계에 관한 이야기가 별개라는 것이다. 이에 비해서 〈파벨만스〉는 영화의 오프닝부터 엔딩까지 단 한 순간도 삶과 영화가 동떨어져 있지 않다. 이 작품에서 삶은 곧 영화이고 영화는 곧 삶이다. 가령 미치가 피아노 연주 리허설을 하는 과정에서 실수로 악보에 구멍을 내는데 구멍 난 악보를 보고 새미는 그가 만든 서부극의 총격전 장면에서 빛을 활용할 수 있는 아이디어를 얻는다. 또한 새미가 애지중지하던 카메라를 파는 장면은 단순히 카메라를 판다는 행위에 그치는 것만이 아니라 그가 영화를 찍는 과정에서 알게 된 가족의 비밀로 인해 받은 충격과 실망감이 반영된 결과이다. 이렇게 〈파벨만스〉에서 삶과 영화가 불가분의 관계에 있다는 설정은 스필버그 본인의 영화 세계에 대한 논평으로 작용하기도 한다. 스필버그의 영화 세계에서 유대인이라는 그의 정체성 그리고 그 정체성을 바탕으로 형성된 가족이라는 울타리는 그의 영화와 결코 분리해서 생각할 수 없다는 것을 스필버그는 이 영화를 통해 보여주고 있다.

삶과 영화가 하나라는 것을 전제로 본 〈파벨만스〉에는 스필버그가 이후 만들게 되는 영화들에 대한 단초를 제공하는 장면들이 많이 나온다. 스필버그는 영화에서의 스펙터클이 갖는 힘을 누구보다 잘 아는 감독 중의 한 명이다. 그의 영화들을 떠올려보면 이를 충분히 이해할 수 있다. 영화 사상 최초의 블록버스터로 평가받는 〈죠스〉(1975)에서 관객을 경악하게 만든 백상아리와의 사투, 〈인디아나 존스〉 시리즈에서 수없이 등장하는 장쾌한 추격전들, 〈미지와의 조우〉(1977), 〈ET〉(1982)에서 인간이 거대한 우주선과 만나는 경이로운 순간들, 시종일관 거대한 공룡들의 움직임들이 관객을 압도하는 〈쥬라기 공원〉(1993), 영화의 오프닝부터 극사실적인 묘사로 전쟁영화의 역사를 바꾸어버린 〈라이언 일병 구하기〉(1998), 〈우주 전쟁〉(2005)에서 도시를 파괴하는 외계인들, 〈레디 플레이어 원〉(2018)에서 가상 공간에서 펼쳐지는 장대한 전투 장면, 원작을 넘어서는 운동성으로 가득한 〈웨스트 사이드 스토리〉 (2021)에 이르기까지 스필버그의 영화는 스펙터클을 빼놓고 논하는 것이 불가능하다. 그런데 〈파벨만스〉는 영화의 오프닝부터 새미가 스펙터클에 매혹되는 장면을 보여줌으로써 스필버그의 영화에서 스펙터클이 왜 중요한지에 대한 이유를 설명해준다.

〈지상 최대의 쇼〉에서의 충돌 장면의 매혹과 공포는 스필버그에게 근원적 영화 체험으로써 무의식적인 차원에서 스펙터클을 구현하고 싶은 욕망에 사로잡히게 만들었을 수도 있다. 그에게 스펙터클은 욕망인 동시에 극복해야 할 대상이 된 것이고, 그의 영화들을 통해 우리는 그런 그의 내면 충동을 지금껏 보아 온 것이다. 영화 속에서 토네이도가 몰아치던 날 토네이도를 가까이에서 보기 위해 미치가 차를 몰고 가는 와중에 새미는 가로등이 터지는 모습을 보게 되는데 이 장면은 즉각적으로 〈우주 전쟁〉에서 외계인의 공격으로 건물이 파괴되는 모습을 떠올리게 하고 이런 경험이 스펙터클에 경도된 그의 영화 세계에 영향을 미쳤음은 분명해 보인다.

이 영화에서 보이스카웃 복장을 한 새미가 친구들과 함께 자전거를 타고 가면서 그가 관심을 쏟는 재닛이라는 여학생을 보는 장면이 나오는데 그 장면은 명백히 〈ET〉에서의 자전거 장면을 연상시킨다. 새미의 여동생들이 여자가 주인공인 영화는 안 찍냐고 말하는 장면도 나오는데 이에 대한 응답으로 스필버그가 〈컬러 퍼플〉(1985)을 만든 것은 아닌가 하는 추측도 할 수 있다. 새미가 존 포드의 〈리버티 밸런스를 쏜 사나이〉(1962)를 본 이후에 만든 서부극은 스필버그가 만든 〈인디아나 존스〉 시리즈에 끼친 서부극의 영향을 짐작하게 만든다. 벽장에서 갑자기 등장하는 해골로 인해 여동생들이 놀라거나 온몸을 휴지로 칭칭 감아 몬스터로 변한 여동생들이 손을 앞으로 뻗은 채 걸어가는 장면을 카메라에 담는 새미의 모습에서는 〈죠스〉를 떠올려보는 것도 가능하다. 새미가 버트의 참전 경험을 바탕으로 2차 대전에 대한 영화를 만드는 모습에서 〈라이언 일병 구하기〉를 떠올리는 것은 물론이다.

〈파벨만스〉에서 삶과 영화가 하나인 것은 영화 속에 등장하는 두 편의 영화를 통해서도 확인할 수 있다. 이 두 편의 영화는 이 영화에서 서사적으로 볼 때 대단히 중요한 역할을 한다. 한 편은 새미의 가족 캠핑에서 찍었던 영상을 바탕으로 만든 캠프 영화이고, 다른 한 편은 새미가 고등학생 시절에 그가 다니던 그랜드 뷰 고등학교의 학생들이 해변에서 노는 모습을 담은 '땡땡이의 날' 영화다. 먼저 캠프 영화를 살펴보도록 하자. 영화 속에는 미치의 어머니가 죽는 장면이 나오는데 바로 이어지는 장면에서 버트는 새미에게 편집기를 사준다. 그리고 버트는 그 편집기를 이용해서 새미가 캠핑에서 찍었던 영상들을 편집해서 캠프 영화를 만들어 달라고 새미에게 부탁한다. 버트는 그 캠프 영화를 통해 어머니의 죽음으로 인해 실의에 빠진 미치를 위로하고자 했던 것인데, 처음에 새미는 그가 만들 예정인 2차 대전에 대한 영화 촬영 일정을 핑계로 캠프 영화 만드는 것을 미루고자 한다. 그러나 버트의 설득에 결국 새미는 캠프 영화를 먼저 만들게 된다.

영화 속에는 새미가 캠프 영화를 만들기 위해 그가 찍었던 푸티지들을 편집하는 과정이 상세하게 묘사된다. 이때 그가 푸티지들을 편집하는 모습과 거실에서 미치가 피아노를 치고 버트가 그녀의 연주를 들으며 일에 몰두하고 있는 모습이 교차 편집된 시퀀스는 영화가 삶이고 삶이 영화인 〈파벨만스〉의 주제를 한 장면으로 압축하고 있으며 이 영화 최고의 명장면이라고 할 만하다. 아니 비단 이 영화에 국한되는 것을 넘어서 이 시퀀스는 60년 동안 영화를 줄곧 만들어온 거장만이 만들어낼 수 있는 경지를 보여주는 영화사 최고의 명장면 중의 하나로 꼽기에도 손색이 없다.

이 장면에서 미치가 연주하고 있는 곡은 바흐의 「콘체르토 D 마이너 BWV974 −2 아다지오」인데 이 곡은 크리스티안 페촐트의 〈운디네〉(2020)에서도 사용되어 관객에게 친숙하다. 이 우아한 바흐의 피아노곡이 미치의 연주를 통해 흐르는 사운데 새미는 캠핑에서 찍었던 푸티지들을 편집하다가 미치와 버트의 절친인 베니(세스 로건)가 애정 행각을 벌이고 있는 모습을 발견하게 된다. 사실 이때 새미는 미치와 베니를 보지 못했다. 화면 속 전경에 보이는 여동생들을 찍고 있었던 것인데 우연히 후경으로 미치와 베니가 함께 있는 모습이 포착된 것이다. 이를 통해 새미는 미치와 베니가 불륜관계라는 사실을 처음 알게 된다. 카메라는 그가 몰랐던 진실을 포착할 힘을 가진 것이다. 이 교차 편집 장면은 그동안 행복해 보였던 새미의 삶을 산산조각 내고 만다. 이 불편한 진실은 어쩌면 이 영화의 도입부에서 이미 예고되었던 것이기도 하다. 새미가 생애 처음으로 관람한 영화에서 사로잡혔던 이미지는 기차와 자동차의 충돌로 인해 기차가 전복되는 모습이었는데 이러한 이미지는 이후에 파국을 맞는 새미 가족에 대한 일종의 복선이라는 추측도 가능하다.

가족의 숨겨진 비밀이 밝혀지는 충격적인 장면을 스필버그는 평정심을 유지한 채 차분한 호흡으로 매우 우아하게 시각화한다. 새미가 편집기를 천천히 돌리는 가운데 점점 미치와 베니의 관계를 눈치채는 모습을 카메라는 새미의 주변을 360도로 회전하면서 보여주는데 이 움직임은 바흐 곡의 속도와 정교하게 맞물리면서 감정을 고양시킨다. 이때 새미의 감정은 복합적일 수밖에 없다. 새미가 이 캠프 영화를 만들기로 한 것은 미치를 위로하기 위해 버트가 부탁했기 때문인데 그가 영화를 만드는 과정에서 충격적인 진실과 마주하게 되었기 때문이다. 새미가 미치에 대한 버트의 사랑으로 인해 만들게 된 영화 속에서 불륜의 현장을 목격하게 된 것은 인생의 아이러니를 탁월하게 보여준다. 동시에 새미에게 있어서 영화를 만드는 행위는 즐거움과 고통을 동반하는 복합적인 성격을 띨 수 있음을 암시하는 것이기도 하다.

이 시퀀스에서 미치와 버트의 모습에도 주목해볼 필요가 있다. 미치는 차분하게 피아노를 연주하고 있을 뿐이지만 카메라는 피아노에 반사되는 미치의 얼굴을 보여주면서 겉으로 드러나지 않는 미치의 복잡한 심경을 짐작하게 만든다. 베니와 미치가 불륜에 빠진 사실을 알지 못한 채 미치의 연주를 경청하고 있는 버트의 모습에서도 미묘한 느낌이 든다. 그는 정말 아무것도 모르고 있는 것일까. 이후 장면들을 떠올려본다면 버트가 두 사람의 관계에 대해 전혀 모르지는 않았을 가능성도 분명히 있다. 표면적으로는 거실에서는 행복한 일상의 한순간처럼 미치의 섬세한 연주와 그 연주를 들으며 버트가 일에 몰두하는 모습이 보이지만, 방에서 미치를 위해 캠프 영화를 만들고 있는 새미는 거실의 풍경을 박살 내는 진실의 이미지와 마주하는 이 대비 효과가 만들어내는 감정의 파고는 바흐의 음악만큼 깊다. 이 순간 더 이상 삶과 영화의 경계는 없으며 바흐의 음악과 함께 삶과 영화는 하나로 흐른다.

새미는 불편한 진실을 알게 되었지만, 캠프 영화 속에 미치와 베니의 불륜 장면을 보여줄 수는 없다. 결국 그는 미치와 베니의 장면을 전부 삭제한 채로 캠프 영화를 완성하고 시사회를 진행한다. 스필버그는 캠프 영화가 완성되는 과정에서 관객에게 영화에 대한 두 가지 속성을 알게 해준다. 영화는 눈에 보이지 않는 진실을 포착할 힘을 가지고 있다는 것, 그리고 감독은 영화 속에 보이는 이미지를 통제하는 능력이 있다는 것이다. 이런 식으로 〈파벨만스〉에서 등장하는 에피소드들을 통해 관객은 영화에 대한 스필버그의 견해를 알게 되는 면이 있는데 그런 관점에서 본다면 이 영화는 일종의 스필버그의 영화 학교와 같은 역할을 하고 있기도 하다. 미치의 불륜 사실을 알게 된 새미는 그녀와 불편한 관계로 지내다가 다시 화해하게 되는데 화해의 계기를 마련하는 것도 영화를 통해서이다. 새미가 미치에게 캠프 영화에서 삭제되었던 불편한 진실이 들어있는 영상들을 보여준 것이다. 이렇게 〈파벨만스〉는 시종일관 스필버그에게 있어서 삶과 영화가 결코 동떨어져 있지 않다는 것을 보여준다.

새미가 다니는 그랜드 뷰 고등학교 졸업 무도회에서 상영되는 '땡땡이의 날' 영화는 어린 시절 스필버그가 직면했던 반유대주의의 횡포와 관련된다. 따라서 '땡땡이의 날' 영화는 이 영화 속에서 유대인이라는 스필버그의 정체성을 탐구하는 도구로 활용되는 측면이 있다. 새미는 그랜드 뷰 고등학교에 입학해서 유대인이라는 이유로 로건과 채드에게 괴롭힘을 당한다. 그런 가운데 새미는 클라우디아와의 만남을 계기로 클라우디아의 친구인 모니카를 알게 되고 그녀와 사랑에 빠진다. 영화를 만드는 과정에서 미치의 불륜 사실을 목격하게 된 이후로 고통스러운 마음에 더 이상 영화를 찍지 않겠다고 마음먹었던 새미는 모니카가 자신의 아버지가 가지고 있는 아리플렉스 16mm 카메라로 '땡땡이의 날' 영화를 만들어보지 않겠냐는 제안에 다시 카메라를 들게 된다. 〈파벨만스〉에서 삶과 영화는 불가분의 관계에 있다는 연장선상에서 새미가 카메라를 다시 들게 되는 과정 역시 모니카와 사랑에 빠진 것과 관련된다.

새미는 해변에서 동료 학생들이 노는 모습을 모니카의 도움을 받아 열정적으로 촬영한다. 그리고 대망의 고등학교 졸업 무도회 날 새미가 연출한 '땡땡이의 날' 영화를 상영하게 되는데 이 장면에서 또다시 스필버그는 삶과 영화의 관계를 탐구하며 관객에게 놀라운 통찰을 선사한다. 새미는 연출자의 권능을 마음껏 발휘해서 자신이 원하는 방향으로 '땡땡이의 날' 영화를 완성한다. 이 영화 속에서 채드는 우스꽝스러운 모습으로 나오고 로건은 고등학교의 영웅으로 부각된다. 새미는 로건을 영웅으로 만들기 위해 슬로우 모션 기법을 사용해서 그의 모습을 강조한다. 이런 과정에서 현실은 조작된 면이 있다. 새미는 채드가 우스꽝스러워 보이지 않거나 로건이 평범해 보이는 장면은 삭제했을 것이기 때문이다. 하늘을 나는 갈매기들을 보여준 뒤에 학생들의 얼굴로 갈매기의 똥이 떨어지는 장면도 사실 연출된 것이다. 카메라로 갈매기의 모습을 보여주다가 빠르게 틸트 다운을 하면서 모니카가 학생들의 얼굴에 아이스크림을 떨어뜨리는 모습을 포착하면서 마치 갈매기가 학생들의 얼굴에 똥을 떨어뜨리는 것처럼 보이게 만들었기 때문이다.

스필버그는 '땡땡이의 날' 영화가 상영되는 도중에 영화의 영상들에 다양하게 반응하는 인물들의 쇼트를 삽입하는데 이를 통해 영화가 관객의 감정에 미치는 영향을 보여준다. 영화는 관객의 감정을 통제할 힘이 있음을 보여주고 있다. 이러한 힘은 '땡땡이의 날' 영화 상영이 끝나고 보다 명쾌하게 형상화된다. 로건의 멋진 모습에 반한 클라우디아는 르네와의 문제로 소원했던 로건과 키스를 하고 로건은 동료들로부터 환호받으며 졸업 무도회에서 최고의 영웅이 된다. 영화 속에서 본인의 우스꽝스러운 모습을 본 채드는 불쾌한 감정을 감추지 못하고 사라진다. 영화 상영이 끝난 뒤 새미는 자신이 전혀 예상하지 못했던 일을 겪게 된다. 로건이 찾아와서 왜 자신을 영웅으로 만들었는지 따져 묻는다. 늘 자신이 괴롭혔던 새미가 자신을 영웅으로 묘사해서 마음이 불편했기 때문이다. 이 장면을 통해 스필버그는 영화가 연출자가 의도하지 않았음에도 불구하고 관객으로부터 복합적인 감정을 불러일으킬 힘이 있는 강력한 매체라는 것을 드러낸다. 극 중 표면적으로 드러나지는 않지만 '땡땡이의 날' 영화를 통해 새미는 유대인이라는 이유만으로 그를 괴롭혔던 로건과 채드에게 우아하게 복수를 실행한 셈이 되었다고 볼 수도 있다.

이 영화의 대단원은 새미와 미국영화의 거장 존 포드와의 만남이다. 영화의 마지막을 근사하게 장식하는 이 에피소드는 실제로 스필버그가 존 포드를 만났던 실화를 바탕으로 한 것이다. 스필버그는 이미 이 실화에 대해 피터 보그다노비치가 만든 존 포드에 관한 다큐인 〈감독 존 포드〉(1971)에서 언급한 바 있다. 스필버그는 〈파벨만스〉에서 〈감독 존 포드〉에서 얘기했던 존 포드와의 일화를 그대로 재현하고 있는데 우리는 이를 통해 실제로 스필버그의 삶에서 존 포드와의 만남이 어떤 중요한 순간이 되었음을 추측할 수 있다. 존 포드 역으로 데이빗 린치가 카메오 출연을 하는 것도 흥미롭다. 현실보다는 꿈이나 무의식의 세계를 다루는 린치의 영화 세계와 미국의 역사와 신화를 탐구한 존 포드와의 접점이 있어 보이지는 않기 때문이다. 단지 외모가 유사해서 린치가 존 포드로 출연하게 된 것은 아닌가 싶다. 존 포드가 영화의 마지막에 등장하는 것을 제외하고도 〈파벨만스〉는 존 포드의 영화와 관련을 맺고 있다. 영화 속에 새미가 보이스카웃 시절에 친구들과 함께 포드의 대표작 중의 하나인 〈리버티 밸런스를 쏜 사나이〉를 보는 장면이 나오는데 그 장면은 곧바로 새미가 가족들과 친구들과 함께 서부극을 찍는 장면으로 이어진다. 이를 통해 스필버그가 존 포드에게 영향을 받았음을 짐작할 수 있다. 그리고 〈리버티 밸런스를 쏜 사나이〉를 보는 장면은 영화의 마지막에 존 포드가 등장할 것을 예견하는 복선의 구실도 하고 있다고 볼 수 있다.

존 포드의 사무실에서 새미가 포드를 기다리고 있을 때 카메라가 좌측으로 팬을 하면서 360도 회전을 한다. 이때 존 포드의 대표작 중의 하나인 〈수색자〉의 오프닝 장면에서 흘러나오는 음악과 함께 카메라는 사무실의 벽에 붙어있는 〈역마차〉(1939), 〈나의 계곡은 푸르렀다〉(1941), 〈수색자〉 등 존 포드의 영화들의 포스터를 보여준다. 〈파벨만스〉가 가족의 해체를 다룬다는 측면에서 보자면 〈나의 계곡은 푸르렀다〉와 연관 지어 생각해볼 수 있으며 어떤 숙명을 갖고 임무를 수행하는 〈수색자〉의 이산 에드워즈(존 웨인)와 〈파벨만스〉의 새미는 닮아있는 측면이 있다. 영화에서 미치의 대사를 통해서 언급되기도 하지만 새미는 어떤 시련과 고난을 겪는다고 할지라도 결국 영화를 할 수밖에 없는 운명을 지닌 존재로 묘사되는데, 이런 새미와 공동체에 속하지는 못하지만, 그 공동체를 위해 어떤 일을 해야만 하는 숙명을 지닌 이산 에드워즈는 결국 비슷한 인물이다.

존 포드는 새미에게 영화에서 화면 속에서의 지평선의 중요성을 얘기하는데 우리는 존 포드의 영화들에서 수없이 아름답게 시각화된 지평선들을 떠올려볼 수 있다. 그는 지평선을 배경으로 인물 한 명만 세워놓아도 영화를 한 편의 시로 만들 수 있는 능력이 있었던 감독이다. 그는 새미에게 화면 속 지평선이 아래나 위에 있어야 흥미롭고 가운데에 있으며 지루하다고 말한다. 새미는 어떤 깨달음을 얻은 것처럼 존 포드에게 감사 인사를 하고 계단을 내려와 스튜디오 건물들이 쭉 늘어선 길을 향해 경쾌한 발걸음으로 걸어간다. 이때 존 윌리엄스의 경쾌한 음악도 그의 발걸음에 탄력을 불어넣는다. 카메라는 새미의 등 뒤에 있는 가운데 새미가 지평선 쪽으로 사라지는 모습을 바라본다. 점점 원경으로 사라지는 그의 모습을 가만히 서서 바라보고 있던 카메라는 어느 순간 갑자기 수직으로 상승하면서 중앙 쪽에 맞춰져 있던 지평선의 위치를 아래쪽으로 조정한다.

이 마지막 쇼트와 카메라의 움직임은 명백히 새미와 존 포드와의 만남과 관련되어 있다. 흥미롭게도 〈파벨만스〉의 이 마지막 쇼트는 〈수색자〉에서 집 안에 있는 카메라가 황야를 향해 터벅터벅 발걸음을 옮기는 이산 에드워즈의 뒷모습을 보여주는 마지막 쇼트와 상당히 유사하다. 새미는 영화를 할 수밖에 없는 운명을 가진 존재로서 이산 에드워즈와 같이 묵묵히 그 길을 갈 수밖에 없는 것이다. 그리고 지평선을 조정하는 것을 통해 스필버그는 카메라가 세계를 어떻게 보여줄 것인가 하는 문제가 영화에서 중요하다는 것을 관객이 깨닫게 만든다. 결국 영화에서 중요한 것은 시선이며 스필버그는 이것을 존 포드의 말을 통해 배웠다고 할 수 있다. 경쾌한 발걸음과 함께 빛을 향해 나아간 스필버그가 오늘날 존 포드와도 비교할 만한 위대한 감독의 반열에 올랐다는 것은 자명한 사실이다. 그렇기에 새미의 마지막 뒷모습은 우리에게 감동을 줄 수밖에 없다. 그러나 우리는 기억해야 한다. 스필버그의 내면에 〈파벨만스〉 속에서 우리가 마주했던 깊은 어둠이 늘 존재하고 있었다는 사실을 말이다. 현재의 스필버그가 과거를 바라보는 시선으로 그 어둠의 무게를 초탈한 듯 경쾌한 새미의 마지막 발걸음을 보여주는 우아한 연출에 경탄하지 않을 수 없다.

(영화사시월 블로그의 '빛결의 영화 이야기' 2023.03.23)

극장의 유령
〈안녕, 용문객잔〉

2D 영화임에도 굳이 3D 안경을 쓰지 않고도 3D 영화를 능가하는 실감을 선사하는 영화가 있다면 믿으시겠는가. 아니 3D를 넘어서 거의 4D에 가까운 체험을 가능케 하는 2D 영화가 있다면 믿을 수 있겠는가. 그리고 그 영화가 우리 모두에게 소중한 기억으로 남아있지만, 지금은 사라져버린 어떤 공간을 잠시나마 거닐고 있다는 생생함을 느끼게 해줄 수 있다면 더할 나위가 없지 않겠는가.

놀랍게도 그런 영화가 있으니 그 영화는 바로 차이밍량의 〈안녕, 용문객잔〉(2003)이다. 이 영화는 다음 날이면 폐관될 한 단관 극장의 마지막 상영 시간 동안 벌어지는 일을 그린다. 곧 사라질 극장의 마지막 시간을 보여줌으로써 극장이라는 공간의 특수성뿐만 아니라 사라져가는 모든 공간을 떠올리게 만드는 보편성을 잘 부각하고 있다. 〈안녕, 용문객잔〉은 사라져가는 모든 것들에 대한 헌사이자 송가인 셈이다.

2015년 1월 25일에 나는 〈안녕, 용문객잔〉을 보기 위해 전라도 광주에 있는 광주극장에 갔었다. 그날 영화가 끝나고 차이밍량 감독의 GV가 예정되어 있었다. 영화 속 '복화극장'과 꽤 유사한 모습을 지닌 광주극장에서 〈안녕, 용문객잔〉을 본 순간은 내가 영화를 봐온 이래 결코 잊을 수 없는 감동적인 순간이었다. 마침 그날은 영화를 보고 밖으로 나오니 비가 내렸고 〈안녕, 용문객잔〉의 엔딩 장면이 오버랩되면서 극장 안팎이 하나의 현실이 되는 정말 보기 드물게 신비한 순간이었다. 이렇듯 이 영화는 극장에서 이 영화를 본다는 행위 자체가 무엇보다 중요하며 오로지 극장에서의 관람을 통해서만이 온전하게 이 영화의 경이로움을 체험할 수 있다는 점에서 매우 특별한 작품이다.

이 영화 속 '복화극장'은 무협 영화의 거장인 호금전의 1967년작인 〈용문객잔〉의 상영을 끝으로 문을 닫는다. 그리고 〈용문객잔〉에 출연했던 마오티엔과 시천이 극장에서 영화를 보는 관객으로 등장한다.(마오티엔은 차이밍량의 〈하류〉(1997)나 〈거기는 지금 몇시니?〉(2001)에서 이강생의 아버지 역할로 출연했던 배우로, 차이밍량은 〈용문객잔〉을 보고 그를 섭외한 것이 아닐까?) 영화 후반부에 시천이 마오티엔에게 "이제 우리를 기억하는 사람들은 아무도 없죠."라고 말하는데 이제 늙어버린 두 배우의 모습이 이 영화에 쓸쓸하고 애잔한 정조를 배가시킨다.

〈안녕, 용문객잔〉은 차이밍량이 전작 〈거기는 지금 몇시 니?〉에서 등장시킨 복화극장이 곧 문을 닫는다는 사실을 알고 그 극장을 무대로 만든 영화다. 현재 복화극장은 사라지고 없 다. 복화극장의 모습은 오로지 이 영화 속에만 남아있다. 그 렇게 본다면 〈안녕, 용문객잔〉은 복화극장에 관한 일종의 다 큐멘터리라고 볼 수 있다. 이 영화는 시종일관 복화극장의 구 석구석을 세밀하게 보여주는 데 많은 시간을 할애하고 있다. 그리고 복화극장의 내부를 보여줄 때는 주로 딥포커스의 롱 쇼트를 롱테이크로 보여준다. 롱테이크를 사용함으로써 복화 극장의 물리적인 존재감을 부각하고 관객이 그 공간 속에 있 는 인물이나 사물을 찬찬히 들여다볼 수 있게 만든다. 딥포커 스의 롱 쇼트는 공간이 인물보다 거대하게 보일 수 있도록 해 주고 그로 인해 공간감이 더 두드러질 수 있게 만들며 공간의 디테일을 자세하게 볼 수 있게 해준다. 빗소리, 발걸음 소리, 영사기 소리 등 현장감이 있는 생생한 소리는 이 영화에 현실 감을 더해준다. 이 영화에는 대사가 거의 없다. 영화의 44분 지점이 되어서야 첫 대사가 등장하며 이후로도 극 중 인물들 은 몇 마디 대화밖에 나누지 않는다. 따라서 관객은 자연스럽 게 영화를 보면서 온전히 복화극장이라는 공간 자체에만 몰두하며 화면 속에서 들려오는 소리나 화면 속에 보이는 세부 묘사 하나하나까지 주의를 기울이게 된다. 이러한 이미지와 사운드의 조합으로 말미암아 마치 3D나 4D 효과로 복화극장을 체험하는 것 같은 입체감이 만들어지게 된다.

이 영화의 서사는 일반적인 영화와는 다르게 공간에 종속되어 있으며 복화극장을 잘 보여주기 위한 하나의 도구로 사용되고 있다. 영화는 파트너를 찾기 위해 극장의 이곳저곳을 돌아다니는 일본인의 이야기, 영사기사(이강생)를 좋아하는 절름발이 여자 매표원(첸샹치)의 이야기 그리고 영화 〈용문객잔〉에 출연했던 두 배우에 관한 이야기가 포개진다. 이 인물들의 발걸음을 따라가며 관객은 자연스럽게 복화극장 내부의 곳곳을 자세히 살펴볼 수 있게 된다. 여자 매표원이 절름발이라는 설정은 영사기사와의 관계 안에서 멜로드라마적 정서를 강화할 뿐만 아니라 관객이 복화극장 내부를 천천히 볼 수 있도록 유도하기 때문에 다분히 의도적인 것으로 보인다.

카메라는 극장 내부를 다양한 각도에서 나눠서 보여준다. 서사의 국면에 필요한 만큼만 프레임을 활용하는 식으로 진행되기에 쇼트와 쇼트의 연결 사이에 긴장감이 넘친다. 마치 무성영화처럼 진행되다가 44분 지점에서야 비로소 등장하는 이 영화의 첫 대사는 극장에서의 유령의 존재 여부에 관한 것이다. 그 대사에 걸맞게 차이밍량은 이 영화 속에서 복화극장을 마치 유령의 집처럼 보여준다. 거대한 극장 안에 드문드문 떨어져서 영화를 보거나 극장의 이곳저곳을 배회하는 소수의 관객은 흡사 유령을 방불케 한다. 그리고 영화 속에는 마치 실제로 극장 내에 유령이 존재하듯 절묘하게 이미지와 사운드를 활용하고 있는 장면들도 있다. 화장실 문이 갑자기 스윽 열린다거나 사람이 나왔는데 화장실 문이 다시 닫힌다거나 하는 장면이 있고 '딱' 소리를 내면서 견과류를 씹어먹는 여성(양귀매)이 프레임 안에 등장하는 방식을 통해서 그 여성을 마치 유령처럼 보이게 만들기도 한다.

이 영화에서 차이밍량은 〈용문객잔〉에 출연했던 두 배우를 비롯해 관객들을 유령처럼 보여주는데, 이는 사회적으로 존재 가치를 상실해가고 점점 유령화되는 극장이나 인물에 관한 논평이자 실체 없는 유령의 속성을 지닌 영화라는 매체의 메타적 이미지라는 중층적 함의를 지닌다.

한 영화관에 관한 작품이라는 측면에서 볼 때 〈안녕, 용문객잔〉이 이미 메타적인 성격을 갖고 있지만 영화 속에서 마치 영화 자체인 듯한 카메라의 시선이 등장해서 더욱 흥미롭다. 그 시선은 영화 속에서 상영되고 있는 〈용문객잔〉과 복화극장 그리고 인물을 오간다. 여자 매표원이 〈용문객잔〉을 볼 때 〈용문객잔〉 속의 여협객의 눈과 여자 매표원의 눈을 번갈아 보여

준다거나, 〈용문객잔〉이 점점 클라이맥스로 치달을 때 그에
맞물려서 극장 내부를 보여주는 쇼트들도 마치 〈용문객잔〉 속
의 결투처럼 박진감 있게 편집이 되는 식이다. 카메라가 극장
을 돌아다니다가 어느 순간 스크린 안으로 들어가 영화만 보
여주다가 다시 밖으로 나오는 패턴을 반복하고 있다. 그건 마
치 영화 자체가 주인공이자 관객으로 존재하는 장면인 것처
럼 느껴진다. 관객이 영화를 보는 것인지 영화가 관객을 보는
것인지 알 수 없다.

마침내 〈용문객잔〉의 마지막 상영이 끝나고 극장 안에 불이
켜지면 우리는 극장에서 난생처음 압도적인 이미지와 마주한
다. 그 이미지를 보는 것만으로도 본전이 아깝다는 생각이 들
지 않을 정도다. 거대한 극장 안의 텅 빈 객석. 그러나 이 텅
빈 객석은 복화극장에 얽힌 무수히 많은 기억을 품고 있다. 이
이미지는 온갖 상념들을 불러오고 거의 4D 효과를 방불케 하
는 체험을 하게 하며 관객 각자의 마음속에 깊이 새겨질 것이
다. 그러나 극장이 문을 닫기 때문에 이 이미지는 이제 곧 사
라질 것이다. 그래서 이 이미지는 너무 아프고 슬프다.

〈용문객잔〉의 포스터 간판을 배경으로 비가 세차게 내리는
가운데 여자 매표원이 우산을 쓴 채 다리를 절룩거리며 쓸쓸
하게 극장을 떠나고 있다. 마치 이 풍경을 아쉬워하듯이 영화
속에 처음으로 야오 리가 불렀던 노래가 울려 퍼진다. '너무

많은 지난 날이 내 가슴에 남아있습니다. 때로는 아프고, 때로는 달콤하던. 세월이 지나도 잊을 수 없습니다….' 여자 매표원은 아마 그녀가 연모했던 영사기사를 다시 만나지 못할 것이다. 이미 그 일은 추억이 되었다. 비록 복화극장은 사라졌지만 삶은 계속될 것이다. 그리고 살아가다가 불현듯 그때가 떠오르겠지. 그때 그녀는 과연 웃을 수 있을까.

(영화사시월 블로그의 '빛결의 영화 이야기' 2021.08.23)

내 기억 속의 영화 음악들
〈시계태엽 오렌지〉에서 〈기생충〉까지

마틴 스콜세지의 〈분노의 주먹〉의 오프닝을 처음 본 순간을 잊을 수 없다. 케이블 방송에서 스콜세지와 관련된 프로그램을 본 적이 있었는데 스콜세지가 슬럼프에 빠졌다가 〈분노의 주먹〉를 시작하게 됐다는 멘트가 끝나자마자 이 영화의 오프닝을 보여줄 때 숨이 멎을 뻔했다. 마스카니의 오페라 「카발레리아 루스티카나」의 간주곡이 흐르고 링의 좌측 코너에서 제이크 라모타(로버트 드 니로)의 섀도복싱을 슬로우 모션으로 보여주면서 'Raging Bull'이라는 빨간색 글자가 화면의 우측에 새겨진다.

그 장면은 딥포커스로 촬영되었기에 링에 둘러싸여 코너에 고립된 라모타의 모습이 더욱 부각된다. 우아한 음악과 슬로우 모션이 어찌나 잘 어울리던지 한마디로 절묘했다. 그 순간 라모타는 자기 내면의 폭력성과 싸우고 있었다. 그렇게 본다면 섀도복싱을 하는 모습은 대단히 비극적으로 볼 수도 있는데 이 장면에서 흐르는 우아한 음악은 라모타 내면의 거친 세계를 보다 절제되고 우아한 품격을 갖춘 비극으로 이끈다. 이 장면은 복합적인 감정을 담아내고 있다. 그런 점에서 〈분노의 주먹〉 오프닝에서의 음악의 사용은 가히 천재적이라고 할 만하다. 경탄을 금할 수가 없다. 스콜세지는 영화 사상 음악을 이미지와 결합해 잘 사용한 감독 중 한 명으로 뽑을 수 있을 것 같다. 〈비열한 거리〉(1973), 〈택시 드라이버〉(1976)의 오프닝 장면에서의 음악도 역시 탁월하다. 〈더 울프 오브 월스트리트〉(2013)의 한 장면에서 흐르던 재즈도 매우 훌륭했다.

스콜세지처럼 감각적으로 음악과 이미지를 탁월하게 결합하는 감독들로 스탠리 큐브릭, 쿠엔틴 타란티노, 왕가위 등을 들 수 있을 것이다. 〈분노의 주먹〉에 비견할 만한 슬로우 모션과 이미지의 결합은 단연 왕가위의 〈화양연화〉에서도 볼 수 있다. 우메바야시 시게루의 「유메지의 테마」는 엔딩 크레딧까지 합치면 총 9번이나 나오는데 그 음악이 흘러나오는 장면은 대부분 슬로우 모션으로 보여진다. 차우(양조위)와 리첸(장만옥)이 계단에서 스쳐 지나가거나 걸어가는 장면에서 그 음악이 반복적으로 흘러나오는데 찰나의 순간들을 붙잡고 싶은 남녀 주인공들의 마음을 대변하는 듯하다. 그 애절하고 슬픈 리듬을 타고 흐르는 느린 이미지들은 환상적이라는 말로도 부족하다. 관객은 그 음악이 흐르는 공간의 무드에 젖고 남녀 주인공들의 감정에 취한다. 내가 〈화양연화〉를 사랑하는 이유는 아마도 나를 무장 해제시키는 「유메지의 테마」가 흐르는 순간들 때문인지도 모른다. 그 장면들을 다시 보고 싶어서 나는 〈화양연화〉를 반복해서 본다. 음악과 더불어 슬로우 모션이 인상적인 작품들로는 〈화양연화〉외에도 브라이언 드 팔마의 〈캐리〉(1976), 크리스토퍼 놀란의 〈인셉션〉(2010), 허우 샤오시엔의 〈밀레니엄 맘보〉(2001), 미켈란젤로 안토니오니의 〈자브리스키 포인트〉(1970) 등이 떠오른다. 탁월한 줌의 미학이 결합된 루키노 비스콘티의 〈베니스에서의 죽음〉의 음악 또한 매우 인상적이었다. 이 작품을 보고 구스타프 말러의 「교향곡 5번 4악장 아다지에토」를 외우게 되었다. 절대미의 상징인 타지오(비요른 안드레센)에게 다가가고 싶지만 다가갈 수 없는 아쉔바흐(더크 보가드)의 안타까운 심정을 대변하는 이 음악은 영화의 마지막 순간에 절정을 이룬다.

영화에서 음악을 듣고 감동한 사례는 수도 없이 많지만 나에게 결정적인 순간으로 기억되는 것은 스탠리 큐브릭의 〈시계태엽 오렌지〉에서 로시니의 「도둑까치」 서곡이 흐르던 때이다. 그 장면은 영화의 초반부에서 알렉스(말콤 맥도웰) 일당이 구걸하는 부랑자에게 집단 린치를 가하는 시퀀스에 바로 이어서 나온다. 오페라 하우스로 기억되는 공간에서 알렉스

일당과 빌리 보이 일당 간에 패싸움이 벌어진다. 가구로 상대를 치고 유리를 깨는 등 엄청나게 폭력적인 장면에서 우아하고 경쾌한 로시니의 그 음악이 흘러나온다. 그 장면을 본 순간 나는 엄청난 충격을 받았고 영화에 대한 코페르니쿠스적 전환을 맞이했다. 그런 폭력적인 장면에 그런 경쾌한 음악을 사용할 수 있다는 생각을 그때까지는 해본 적이 없었다. 내가 무지해서 그런 충격을 받았었는지도 모르겠다. 나중에 그 장면에서 큐브릭이 브레히트적인 거리 두기를 하기 위해서 경쾌한 음악을 사용했다는 것을 이해하게 됐지만 그때의 충격은 영화에 대한 더 큰 호기심으로 이어져, 이후에 내가 현재와 같이 영화의 깊은 늪에 빠지게 만드는 데에 있어서 크게 영향을 미치게 된다.

나를 영화에 빠지게 만든 또 하나의 결정적인 순간을 들자면 코엔 형제의 〈파고〉의 오프닝을 뽑지 않을 수 없다. 흰 화면에 은은하게 카터 버웰의 음악이 깔리면서 '이 영화는 실화를 바탕으로 했다'라는 자막이 뜬다. 음악은 점점 커지고 오랫동안 흰색만 보이던 화면에 자동차 한 대가 나타나고 카메라를 향해 달려온다. 그 한 줄의 자막이 나에게 어마어마한 영향을 끼쳤다. 사소한 목적으로 시작된 일이 대형 참극으로 변하고 마는 웃어야 할지 울어야 할지 갈피를 잡을 수 없는 이 부조리한 상황이 실화였다는 사실에 나는 엄청난 충격과 슬픔에 휩싸였기 때문이다. 이 영화를 보고 난생처음 감독이라는 존재를 인식하게 되었고 감독을 꿈꾸게 되었다. 나중에 〈파고〉는 실화가 아니고 코엔 형제가 자막으로 장난을 친 거라는 말을 들었는데 이거 정말 사실일까? 그게 만약 사실이라면 코엔 형제는 순진했던 나에게 큰 사고를 쳤다. 영화에 미쳐 지내온 내 인생을 책임지라는 말을 하고 싶을 정도다.

나에게 의미가 깊은 봉준호의 〈기생충〉의 음악은 정재일이 맡았는데 내 마음을 가장 사로잡았던 곡은 「믿음의 벨트」이다. 영화를 처음 볼 때 갑자기 클래식 음악이 흘러 나와서 〈기생충〉에 기존의 클래식 음악이 삽입된 줄 알았다. 그런데 영화를 본 이후에 그 음악이 정재일이 작곡한 것인 걸 알고 깜짝 놀랐다. 흡사 헨델이나 바흐가 작곡한 바로크 음악을 연상시켰기 때문이다. 음악의 완성도가 너무 높아서 놀랄 수밖에 없었다. 만약 작곡가의 이름을 알려주지 않은 채 곡을 누군가에게 들려준다면 아마도 많은 사람이 기존에 존재했던 바로크 음악으로 생각할 확률이 높다. 실제로 해외의 관객 중에는 그렇게 생각하는 사람들이 많이 있었다.

「믿음의 벨트」는 기정(박소담)이 계략을 써서 박사장(이선균)의 운전기사(박근록)를 해고하게 만든 뒤 연교(조여정)에게 아버지 기택(송강호)을 운전기사로 소개해주겠다고 말을 한 이후에 펼쳐지는 소위 '믿음의 벨트' 시퀀스를 위해 작곡된 음악이다. 이 시퀀스는 「믿음의 벨트」가 시작하고 끝나는 순간까지 정확하게 음악과 영상이 맞물려 돌아가도록 구성되어 있다. 그러한 구성으로 인해 음악적 효과는 극대화된다. 벤츠 매장에서 기우(최우식)와 기택이 미리 벤츠를 운전하기 위해 차를 살펴본 뒤 박사장의 사무실을 방문한 기택은 박사장을 태우고 시범 운전을 잘해서 운전기사로 취직하는 데 성공한다. 그리고 기택 가족은 박사장 집안일을 도맡아 하고 있는 문광(이정은)이 복숭아 알레르기가 있다는 것을 알아내고 그 증상을 결핵 증상으로 둔갑시켜서 아이들의 위생 관리에 신경을 쓰는 연교를 속인 뒤 마침내 문광을 쫓아내는 데 성공한다. 이 시퀀스의 마지막 부분은 문광이 복숭아 알레르기로 격한 기침을 하고 휴지통에 버린 휴지에 기택이 핫소스를 뿌려 마치 문광이 피를 토한 것으로 꾸며내 핫소스가 묻은 휴지를 연교에게 보여주는 순간 연교의 반응을 보여주면서 끝난다.

이 시퀀스는 간단히 말해서 기택의 가족이 일종의 가족 사기단으로 뭉쳐 서로 협력하는 가운데 기택이 박사장의 운전기사로 취직하고 계략을 써서 문광을 박사장의 집으로부터 쫓아내는 과정을 보여준다. 문광을 쫓아냄으로써 기택 가족은 박사장의 집을 완전히 장악하게 되고 문광이 담당하던 박사장 집의 가정일을 맡길 사람으로 기택의 부인인 충숙(장혜진)이 들어올 수 있는 여지를 만들어놓는다. 이 시퀀스에서의 기택 가족은 흡사 하이스트 무비에서 힘을 합쳐 금고를 터는 일당을 연상시킨다. 하이스트 무비를 볼 때 관객은 과연 주인 공 일당이 금고를 털고 무사히 빠져나갈 수 있을 것인가에 대한 긴장감을 갖고 보게 되는데, 마찬가지로 〈기생충〉에서도 과연 기택 가족이 연교를 속이고 문광을 쫓아낼 수 있을 것인가에 대해 손에 땀을 쥐고 지켜보게 된다. 하이스트 무비에서 주인공 일당은 금고를 털기 위한 예행연습을 하는데 〈기생충〉에서도 기택이 기우의 도움을 받아 연교를 잘 속일 수 있도록 연기 연습을 하는 장면이 나온다. 봉준호 감독은 하이스트 무비를 볼 때와 맞먹는 긴장감을 선사하기 위해 이 시퀀스의 마지막 부분에서 슬로우 모션을 적극적으로 사용하여 긴장감을 극대화하는 데 성공한다.

과거에 클래식은 귀족들이 주로 향유하는 음악이었다. 따라서 현대의 '귀족'이라고 할 수 있는 박사장의 집에 '서민'이라고 할 수 있는 기택 가족이 침투하는 장면에서 '짝퉁' 바로크 음악이라 할 수 있는 곡이 사용된다는 것은 그 자체로 풍자적인 의미를 지닌다. 이 음악의 사용은 클래식을 향유해야 계급적으로 우월해 보인다는 상류층의 허위의식을 폭로하는 것일수도 있고 반지하에 사는 기택 가족의 욕망을 표현하기 위한 것일 수도 있다. 그리고 이 음악은 기택 가족의 사기 행위를 바로크 특유의 장엄한 분위기 속에서 마치 대단한 미션을 완수하는 영웅적인 행위처럼 느낄 수 있도록 포장하기 때문에 블랙코미디적인 풍자 효과를 극대화한다. 이런 식으로 음악의 아이러니한 효과를 자아내는 것은 스탠리 큐브릭의 장기인데 그는 〈닥터 스트레인지러브〉(1964), 〈시계태엽 오렌지〉 등의 영화들에서 그러한 풍자 방식을 선보인 바 있다. 곡의 빠른 속도는 기택 가족이 계략을 짜고 계략을 성공시키는 과정에서 서스펜스를 만들어내는 데 이바지한다. 결국 기택 가족의 계획이 수포가 되고 비극적인 결말을 맞아 다시 원점으로 돌아가게 되는 이야기를 보고 '믿음의 벨트' 시퀀스를 다시 보게 된다면 이 시퀀스가 관객들에게 전달하는 감정의 폭은 더 넓어질 것이다. 「믿음의 벨트」라는 곡의 제목도 시사하는 바가 크다. 양극화된 자본주의 사회에서 계급 간 믿음의 벨트는 존재할 수 없기 때문이다. 이렇게 '믿음의 벨트' 시퀀스가 관객에게 복합적인 감정을 자아내는데 결정적 역할을 한 것이 바로 「믿음의 벨트」 곡이라고 할 수 있다. 이 음악 덕분에 〈기생충〉에서 최고의 명장면을 꼽으라고 한다면 단연 '믿음의 벨트' 시퀀스가 될 것이다.

만약 영화에 음악이 없었다면 내가 과연 지금처럼 영화에 매혹될 수 있었을까. 히치콕의 〈현기증〉, 존 포드의 〈수색자〉나 〈리버티 밸런스를 쏜 사나이〉, 로베르 브레송의 〈소매치기)(1959), 장-뤽 고다르의 〈네 멋대로 해라〉, 오손 웰즈의 〈시민 케인〉, 오즈 야스지로의 〈동경 이야기〉(1953), 안드레이 타르코프스키의 〈희생〉, 클린트 이스트우드의 〈미스틱 리버〉(2003)와 〈밀리언 달러 베이비〉(2004), 베넷 밀러의 〈머니볼〉(2011)의 엔딩에 음악이 없다면 그토록 감동적일 수 있을까.

(영화사시월 블로그의 '빛결의 영화 이야기' 2021.08.21)

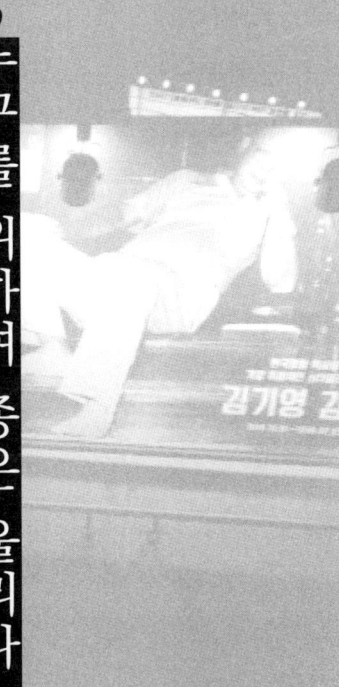

3

누구를 위하여 종은 울리나

오시마 나기사를 추모하며
영원히 젊은 영화를 만든 거장

오시마 나기사 영화와의 첫 만남은 1997년에 이루어졌다. 나에게 영화가 '운명'이었는지 '저주'였는지에 관해 심각하게 고민하는 현재를 살고 있지만 아무튼 1997년은 내가 본격적으로 영화에 미치게 된 해였다. 그 중심에 철학과 주최로 열렸던 《성과 파시즘》 영화제가 있었다. 평소의 나 같았으면 결코 이 영화제에 가지 않았을 것이다. 당시에 어머니로부터 뭘 할 거면 제대로 하라는 말을 들었던 것이 내가 그 영화제에 가게 된 결정적인 이유였다. 어머니의 말씀을 듣고 나는 영화에 관심이 있다면 가리지 말고 모든 영화를 다 봐야겠다고 생각했다. 그래서 나는 그 영화제에서 상영되었던 모든 작품을 다 보기로 마음먹었다. 그 영화제의 상영작 중에 바로 오시마 나기사의 〈감각의 제국〉(1976)이 있었다. 그 영화제에서 내가 영화라는 매체를 다시 보게 만드는 결정적인 역할을 했던 작품은 〈시계태엽 오렌지〉였지만 그 영화제가 이후 나에게 끼친 영향을 생각한다면 〈감각의 제국〉도 분명히 나를 영화에 본격적으로 빠져들게 만들었던 영화 중에 한 편으로 볼 수 있을 것 같다. 〈감각의 제국〉을 보고 왔다고 어머니에게 말씀드렸더니 "얘는 무슨 그런 악명 높은 영화를 보고 왔니?"라고 하시면서 놀라셨다. 〈감각의 제국〉을 보면서 정말 지독하다고 생각했었고 마지막 장면에서 왠지 슬펐던 기억이 난다. 그렇게 오시마의 영화를 처음 접했던 나는 몇 년이 지난 2003년 1월《오시마 나기사 회고전》이 국내에서 최초로 개최되었을 때 상영작들을 모두 보고 무척이나 감탄했었다. 아마 회고전 첫날이었던 것 같은데 그날 나는 오시마 나기사의 영화를 보러온 엄청난 인파 속에 있었다. 그날의 풍경을 나는 비디오 카메라로 담았다. 줄을 서서 기다리던 나는 결국 〈청춘 잔혹 이야기〉(1960)가 매진이 되는 바람에 그날 보지 못했다. 회고전 기간 내내 매진이 끝없이 이어지며 수천 명의 관객들이 오시마의 영화들을 열렬한 반응 속에 봤던 것으로 기억한다.

사실, 오시마 나기사는 음악을 통해 먼저 알게 되었다. 즐겨 듣던 라디오 영화 음악 프로에 자주 나오던 곡이 오시마의 영화인 〈전장의 크리스마스〉의 주제곡인 「메리 크리스마스 미스터 로렌스」였다. 〈마지막 황제〉의 음악을 무척 좋아했던 나는 그 영화 음악의 작곡가인 류이치 사카모토가 이 곡도 작곡했다는 사실 때문인지는 몰라도 이 음악도 참 좋아했었다. 〈전장의 크리스마스〉를 보게 된 것은 한참 뒤의 일이었다. 회고전 상영작 중에는 걸작들이 많았는데 그중에 나를 가장 사로잡았던 영화는 바로 〈일본의 밤과 안개〉(1960)였다. 이 작품은 당시 영화계에 돌풍을 일으키고 있었던 프랑스 누벨바그와 호흡을 같이 한 새로운 영화였다. 일본의 정치적 현실을 비판적으로 보여주고 있는 이 영화의 내용을 그 당시에 잘 이해했었다고 볼 수는 없을 것 같다. 나는 무엇보다도 이 영화의 형식에 완전히 압도되었다. 암울한 정조를 띤 불협화음의 음악을 배경으로 연극적인 세트 속에서 현재와 과거를 오가며 끊임없이 정치적 토론이 이루어지는 이 영화는 쉴 새 없이 움직이면서 인물들에게 과감히 돌진하기도 하는 카메라가 매우 인상적이었다. 어쩌면 이 영화의 진정한 주인공은 카메라 그 자체였다. 카메라가 격렬하게 움직이면서 뿜어내는 에너지는 실로 가공할 만한 것이었다. 관객에게 그대로 전달될 정도의 격렬한 에너지로 넘쳐났다. 연극적인 조명을 사용해서 장면 전환을 하고 현재와 과거를 넘나드는 방식도 신선했다.

나는 이 영화를 보고 혁신가로서의 오시마의 면모에 완전히 반해버렸다. 그 회고전 이후로 나는 오시마의 영화가 상영될 때마다 거의 빠짐없이 챙겨보았고 영화 속에 정치적인 내용을 이해하지 못할 때도 있었으나 그의 급진적이고 창의적인 형식 실험에는 늘 열광하곤 했었다. 그의 영화 중에 거의 유일하게 실망했던 작품은 칸국제영화제에서 감독상을 받은

〈열정의 제국〉(1978)이었다. 이 영화는 처음 보았을 때 별다른 감흥이 없어서 영화를 잘못 보았나 하는 생각으로 다시 보았었다. 그런데 두 번째 관람 때도 몇몇 이미지가 인상적이었을 뿐 역시 큰 감흥을 얻지 못했다. 오시마다운 강렬한 에너지가 이 영화에는 없었다. 아쉽게도 후기로 갈수록 오시마의 영화는 점차 예전의 활력을 잃어갔다. 솔직히 내가 이해하기에는 전혀 쉽지 않았던 오시마의 영화에 내가 그토록 열광했던 이유는 무엇보다도 그의 영화가 지닌 형식적 급진성 때문이었던 것 같다. 나는 영화에서 늘 내용보다는 형식에 더 많은 관심이 있었으니까 말이다. 내가 고다르를 좋아하는 이유도 마찬가지이다. 오시마는 '일본의 고다르'라고 불리기도 했었다. 그의 영화는 뭔가 끊임없이 새로운 것을 갈망하는 나에게 대리만족을 시켜줬던 것 같다. 그는 지금까지 내가 보았던 수많은 영화 중에서도 몇 손가락 안에 꼽을 수 있을 정도의 전위적인 영화들을 만들었던 위대한 영화 작가였다. 거대한 시네마 스코프 화면 속에서 국가와 사회 그리고 영화를 보고 있는 관객에 대항하여 터져 나오던 분노가 나를 완전히 압도하던 순간들을 잊을 수 없다. 〈사랑과 희망의 거리〉(1959), 〈청춘 잔혹 이야기〉, 〈태양의 묘지〉(1960), 〈일본의 밤과 안개〉, 〈열락〉(1965), 〈백주의 살인마〉(1966), 〈일본춘가고〉(1967), 〈교사형〉(1968), 〈소년〉(1969), 〈도쿄전쟁전후비화〉(1970), 〈의식〉(1971) 등 앞으로도 삶이나 영화가 진부하게 느껴질 때면 오시마의 영화를 보면서 그 주체할 수 없을 정도로 끓어오르는 에너지로 충만케 되고 싶다.

　더 이상 그의 신작을 볼 수 없다는 것이 슬프다. 나에게 오시마 나기사는 영원히 '젊은' 영화감독으로 기억되리라. 일본 영화사를 넘어서 세계영화사에 남는 거장인 오시마 나기사가 2013년 1월 15일, 영면에 들었다. 나는 이 슬픈 소식을 접한 다음 날 이 글을 쓴다.

　내가 좋아했던 오시마 나기사의 영화를 떠올리며.

장 폴 벨몽도를 추모하며
내 기억 속에 〈네 멋대로 해라〉로 박제된 배우

2021년 9월 6일, 프랑스의 위대한 배우인 장 폴 벨몽도가 타계했다. 향년 88세. 벨몽도는 장-뤽 고다르, 장 피에르 멜빌, 알랭 레네 등 많은 훌륭한 감독들과 함께 작업을 했지만, 나에게는 무엇보다도 고다르의 영화들에서의 연기로 기억된다. 벨몽도가 참여한 고다르의 영화 중에서도 역시 고다르의 혁명적인 데뷔작이자 프랑스 누벨바그의 대표작 〈네 멋대로 해라〉에서의 미셸 쁘와까르 역이 가장 인상에 남는다. 〈네 멋대로 해라〉에서 영화의 마지막에 미셸 쁘와까르가 경찰의 총에 맞아서 거리를 뛰어가다가 바닥에 쓰러지는 순간은 내가 본 수많은 영화 중에서도 손에 꼽는 명장면인데 이 엔딩 장면은 앨프레드 히치콕의 〈현기증〉과 오손 웰즈의 〈시민 케인〉의 엔딩 장면만큼이나 내가 영화에 본격적으로 빠져드는 결정적인 계기가 되었다고 해도 과언이 아니다.

90년대 후반 국내에서는 라이센스 허가를 받지 않은 채 '시네마떼끄' 시리즈로 프랑수아 트뤼포의 〈피아니스트를 쏴라〉, 프리츠 랑의 〈메트로폴리스〉(1927), 장 르누아르의 〈게임의 규칙〉(1939) 등이 비디오로 출시되어 유통되고 있었고 나는 동대문에서 그 시리즈로 출시된 비디오테이프들을 잔뜩 구입했다. 그때 구입했던 영화들 중에 장-뤽 고다르의 〈네 멋대로 해라〉도 있었다. 나는 1997년부터 일어난 여러 가지 일들로 인해 영화를 바라보는 태도가 바뀌었기 때문에 그 당시까지 소문만 듣고 볼 생각을 전혀 하지 않았던 〈네 멋대로 해라〉를 드디어 대학교 내 시청각실에서 보게 되었다.

〈네 멋대로 해라〉를 처음 봤던 순간을 상기해보자면 다른 부분은 다 잊었어도 엔딩 장면만큼은 현재 그 순간 그대로 머릿속에서 재생될 정도로 생생하다. 당시 이 엔딩 장면에 대한 나의 인상을 한 단어로 요약하자면 '생경함'이었다. 전에는 한 번도 보지 못했던 이미지와 마주했었다고나 할까. 당시에 나는 재즈에 대해서 잘 모르고 있었지만, 미셸 쁘와까르(장 폴 벨몽도)가 파트리샤(진 세버그)에게 배신당한 뒤 경찰의 총에 맞은 이후 우측 허리춤에 손을 올린 채 거리를 뛰어갈 때 흐르던 재즈곡이 너무나 인상적이었다. 이후에 그 곡이 프랑스의 유명한 재즈 뮤지션 마르샬 솔랄의 곡이란 걸 알게 되었다. 미셸의 움직임과 마르샬의 음악은 기묘하게 어우러지는 느낌이 있었다. 그 곡은 일반적으로 영화에서 주인공이 비극적인 최후를 맞이할 때 동반되는 음악과는 사뭇 다른 양상을 띠었다. 보통의 영화에서 흔히 이러한 순간을 떠올려볼 때 연상되는 비장미 따위는 〈네 멋대로 해라〉의 엔딩에는 없다. 그래서 이 영화를 보기 전까지 관람 비율로 따져볼 때 압도적으로 남들이 모두 보는 상업영화를 주로 봐왔던 나에게 이 장면이 충격적으로 다가왔었는지도 모르겠다.

　그리고 미셸이 거리를 뛰어가는데 미셸의 우측에서 버젓이 카메라 쪽을 바라보며 천천히 걸어오고 있던 행인들의 모습도 매우 흥미로웠다. 그 행인들의 모습과 어우러진 거리의 생생한 풍경 때문에 나는 미셸이 총에 맞은 뒤 뛰어가는 장면이 연출된 것이 아니라 실제로 총에 맞은 사람을 카메라가 찍고 있는 다큐멘터리인 것처럼 그 당시에 느꼈던 것 같다. 한편으로는 미셸이 총에 맞은 것과 무관한 듯 반응하며 움직이고 있는 행인들의 모습이 맥락상 맞지 않다고 느껴져 이 상황이 연출된 것이 맞다고 판단되는 부분도 있었던 것 같다. 이렇게 픽션인지 다큐인지 모를 이미지들이 내 눈앞에서 생생하게 펼쳐지고 있었고 나는 그 엔딩 장면을 신기하게 바라보았다. 정말 놀랍고 재미있고 흥미진진했다. 이 엔딩 장면이 자아내는 생동감은 장 폴 벨몽도와 보조를 맞추며 그를 쫓아가는 라울 쿠타르의 핸드헬드 촬영에 힘입은 바가 크다.

이후에 알게 된 사실들을 바탕으로 〈네 멋대로 해라〉의 엔딩 장면을 살펴본다면 그 장면에서는 이탈리아 네오리얼리즘 영화의 영향이 느껴진다. 특히 고다르가 좋아하는 로베르토 로셀리니의 〈무방비 도시〉(1945)에서 독일군에게 체포된 프란체스코를 쫓아가다가 총에 맞아 쓰러지는 피나(안나 마냐니)의 모습을 보여주는 장면과 〈네 멋대로 해라〉의 엔딩을 비교해보면 유사점이 있다. 〈무방비 도시〉에서 독일군에게 체포된 프란체스코가 탄 트럭이 출발한 가운데 프란체스코를 쫓아 거리를 질주하던 피나는 갑자기 들리는 총성과 함께 쓰러진다. 많은 전쟁영화의 경우 이런 장면을 보여줄 때 쇼트를 정교하게 설계해서 프란체스코가 탄 트럭이 떠나는 모습과 트럭을 쫓아 질주하는 피나의 모습 그리고 뛰어가는 피나를 보고 그녀를 저격하는 독일군의 모습을 교차로 보여주면서 긴장감을 쌓아가고 피나가 총에 맞아 쓰러지는 장면을 클로즈업으로 드라마틱하게 연출할 때가 많다. 극적 효과를 자아내기 위한 형식을 동원한다는 것이 핵심이다. 그런데 〈무방비 도시〉에서 로셀리니는 피나를 저격하는 독일군은 아예 보여주지를 않는다. 그는 이 장면을 카메라가 트럭의 위치에서 트럭을 향해 달려오고 있는 피나를 보여주는 가운데 갑자기 들리는 총성에 그녀가 바닥에 쓰러지는 것으로 연출했다. 이러한 연출 방식으로 인해 피나가 총에 맞아 쓰러지는 장면은 극화된 것이 아니라 마치 현장에 입회한 듯한 착각이 들 정도의 생동감을 관객에게 전달한다. 날 것 그대로의 현장을 그대로 목격한 것 같은 충격을 안겨주는 것이다.

〈네 멋대로 해라〉에서 고다르도 로셀리니와 유사하게 미셸이 총에 맞아 죽는 장면을 연출하는 데 있어서 정교하게 쇼트들을 구축해가며 긴장감을 쌓아 올리는 방식을 택하지 않는다. 〈무방비 도시〉와 다르게 〈네 멋대로 해라〉에서는 경찰이 미셸에게 총을 쏘는 쇼트가 등장하기는 하지만 이후에 미셸이 총에 맞는 순간은 생략되어 있다. 경찰이 총을 쏘고 난 이후에 우리가 보게 되는 것은 이미 총에 맞아 피를 흘리며 거리를 뛰어가고 있는 미셸의 모습이다. 마치 다큐멘터리의 한순간처럼 미셸을 포착하는 카메라의 방식은 〈무방비 도시〉에서 카메라가 피나를 보여주는 방식과 상당히 유사하다.

〈네 멋대로 해라〉의 엔딩을 보면서 받았던 충격은 영화의 제목을 닮은 것 같은 '네 멋대로의' 편집으로 인한 것도 있었다. 영화에 대해서 지금보다 잘 알지 못했던 내가 〈네 멋대로 해라〉를 보던 당시에 구체적으로 편집에 대해서 잘 알았을 리는 만무하다. 다만 〈네 멋대로 해라〉에서 쇼트들이 이어지는 방식은 당시까지 내가 즐겨보았던 영화들과 비교했을 때 많이 달라 보였기 때문에 어렴풋이 기존 영화들과 〈네 멋대로 해라〉에서의 편집의 차이를 느꼈던 것 같다. 그리고 나는 그렇게 쇼트가 붙어도 영화가 될 수 있다는 사실 자체에 흥분하고 그런 방식의 편집을 매우 재미있다고 느꼈던 것 같다. 지금 〈네 멋대로 해라〉의 엔딩 시퀀스에서의 편집을 살펴보자면 영화의 전통적인 편집 방식에서 벗어나 있다. 고다르는 쇼트가 연결될 때마다 상황을 생략해서 제시하는 점프 컷을 사용하거나 흔히 영화에서 통용되는 시선과 동선 일치의 규칙을 어김으로써 쇼트의 연속성을 깨고 있다. 가령 이 엔딩 장면에서 미셸이나 자동차의 움직임을 충분히 보여주고 다음 쇼트로 넘어가야 쇼트가 튀어 보이지 않는데 고다르는 일부러 쇼트의 지속 시간을 줄여서 그걸 파괴한다.

흥미롭게도 고다르가 〈네 멋대로 해라〉에서 쇼트를 이어 붙이는 방식은 마치 재즈에서의 즉흥 연주를 연상시키는 측면이 있다. 〈네 멋대로 해라〉에서 마르샬 솔랄의 재즈곡들이 탁월하게 사용되었기 때문에 이 영화와 재즈와의 관련성을 찾을 수 있는 것뿐 아니라 이 영화 자체가 한 편의 재즈와도 같다고 볼 수 있다는 것이다. 클래식이 꽉 짜인 구조 안에서 음표들이 각자의 자리에서 제 역할을 해내면서 화음을 만들어간다면 재즈는 즉흥 연주를 바탕으로 음표들이 자리를 이탈하는 것을 허락하면서도 또 다른 방식으로 화음을 만들어간다고 볼 수 있다. 이와 유사하게 〈네 멋대로 해라〉의 편집 방식은 기존의 영화 문법에서라면 응당 있어야 할 위치에 어떤 쇼트가 존재하지 않거나 다른 쇼트가 대신 그 자리를 차지한다거나 하는 식으로 쇼트들을 이어 붙이면서 그러한 쇼트들의 만남으로 인해 생성될 수 있는 우연성과 예측 불가능성의 효과를 허용한다. 이러한 측면에서 〈네 멋대로 해라〉와 재즈에서의 즉흥 연주가 유사하다는 것이다. 처음에 이 영화를 볼 때 어렴풋이 감지가 되었던 〈네 멋대로 해라〉와 재즈와의 관련성에 대한 나의 가설은 이 영화를 여러 번 보는 가운데 점점 확정적으로 되어갔다.

나에게 있어서 장 폴 벨몽도는 무엇보다도 〈네 멋대로 해라〉의 엔딩 시퀀스와 동떨어져서 존재할 수 있는 인물이 아니다. 이 영화에서 장 폴 벨몽도가 총에 맞은 뒤 뛰어가거나 뛰는 중간에 휘청거리는 모습, 차가 지나다니는 도로 앞에서 결국 벌러덩 앞으로 고꾸라지는 모습, 그가 내뱉는 권태에 찌든 대사들, 파트리샤를 바라보면서 환멸에 찬 말을 내뱉고 그의 눈을 스스로 직접 감기며 죽는 모습 등 그의 인상적인 연기가 나에게 주었던 충격들이 총체적으로 인식될 때 비로소 내가 생각하는 장 폴 벨몽도에 대한 인상에 다가갈 수 있다. 〈네 멋대로 해라〉의 엔딩은 (많은 사람에게도 그렇겠지만) 영화에 대한 내 생각을 바꾼 결정적인 순간 중의 하나에 해당하므로 이 영화를 처음 봤던 순간을 최대한 생생하게 글로 되살려내야만 나로서는 장 폴 벨몽도에 대한 온전한 추모도 가능하다.

고다르의 또 다른 걸작인 〈미치광이 피에로〉(1965)나 히치콕의 〈현기증〉을 연상시키는 프랑수아 트뤼포의 숨겨진 걸작인 〈미시시피의 인어〉(1969)를 비롯한 많은 영화에서 벨몽도의 연기도 무척 훌륭했고 인상적이었으나 이미 〈네 멋대로 해라〉에서 그의 연기가 너무 깊게 각인된 나로서는 이후에 그가 출연한 영화들은 사족이거나 후일담으로 보이는 측면이 분명히 있다. 따라서 나는 장 폴 벨몽도를 무엇보다도 영원한 반항아인 〈네 멋대로 해라〉에서의 '미셸 쁘와까르'로 기억하고 싶다. 나에게 늘 프랑스 누벨바그의 대표 인물이자 시네마의 상징적인 존재로 남아 있었던 장 폴 벨몽도의 삶에 진심으로 경의를 바치고 그의 죽음을 깊이 애도하며 부디 그가 하늘에서 평안하기를 바란다.

(영화사시월 블로그의 '빛결의 영화 이야기' 2021.09.21)

엔니오 모리꼬네를 추모하며
포에버 시네마 천국

　영화 음악의 거장 엔니오 모리꼬네가 2020년 7월 6일 타계했다. 엔니오 모리꼬네는 세르지오 레오네, 피에르 파올로 파졸리니, 베르나르도 베르톨루치, 마르코 벨로키오, 엘리오 페트리, 쥬세페 토르나토레, 타비아니 형제, 다리오 아르젠토, 질로 폰테코르보 등 수많은 이탈리아의 대표 감독들과 작업한 이탈리아 영화의 역사 그 자체이며 이탈리아 이외에도 롤랑 조페, 테렌스 맬릭, 브라이언 드 팔마, 쿠엔틴 타란티노 등 주요한 감독들에게 주옥같은 명곡을 선사했다. 그는 오스카 작곡상 부문에 여러 번 노미네이트되었다가 2016년 쿠엔틴 타란티노의 〈헤이트풀8〉(2015)로 마침내 수상의 영광을 안았다. 지금 생각해보니 모리꼬네의 열혈 팬이었던 타란티노에게는 모리꼬네의 작곡상 수상이 자신의 영화로 이루어졌다는 것이야말로 더없는 영광이 아니었을까 싶다.

　모리꼬네의 음악은 우선 한번 들으면 잊히지 않을 아름다운 멜로디로 이루어진 서정적인 선율이 늘 압도적인 인상을 남기며 심금을 울린다. 그는 대중들에게 유난히 인기가 많았던 작곡가인데 레오네와 함께 작업한 '달러' 삼부작에서 〈옛날 옛적 서부에서〉(1968), 〈석양의 갱들〉(1971)에 이르기까지 총 다섯 편의 서부극에서 휘파람 소리, 총소리, 관악기 등 다양한 사운드를 동원해 실험성이 강한 작업을 하기도 했다. 특히 엔니오 모리꼬네 최고의 성취라고 할 만한 〈옛날 옛적 서부에서〉의 모든 곡은 영화의 장면들과 유기적으로 결합되어 있으며 그 결과 한 편의 오페라나 교향곡을 방불케 한다. 레오네의 서부극에서 모리꼬네의 음악이 없었다면 과연 클라이맥스의 결투 장면들이 지금처럼 인상적일 수 있었을까. 이 사실 하나만으로도 모리꼬네의 업적은 칭송받아 마땅하다.

어린 시절 토요명화에서 세르지오 레오네의 〈석양의 건맨〉(1965)를 보던 순간을 아직도 잊을 수 없다. 그날 밤 집에는 아무도 없었고 겁이 많은 나는 도둑이나 강도가 들어올까 봐 불안한 마음을 달래며 영화를 보고 있었다. 귀가 예민한 나는 어느 순간 복도에서 엘리베이터가 멈추는 소리를 들었고 가족 중의 누가 초인종을 누를 걸로 생각했다. 그런데 초인종 소리는 들리지 않고 갑자기 누가 현관문을 열려고 하는 소리가 들려왔다. 너무 놀라고 겁에 질린 나는 조심조심 현관문으로 접근해서 "누구세요?"라고 물었다. 그런데 아무 반응이 없자 두

려운 나머지 아직 잠그지 않았던 보조 자물쇠를 잠그고 현관에서 마루로 들어오는 문마저 잠가버렸다. 다행히 이후로 아무 일도 없었고 가족들이 귀가해서 불안함에서 벗어날 수 있었다. 그런 해프닝이 있었기 때문인지 몰라도 모리꼬네가 작곡한 〈석양의 건맨〉의 테마 음악은 유난히 또렷이 내 기억 속에 각인되었고 자주 그 음악의 멜로디를 흥얼거렸다.

모리꼬네의 곡 중에 내가 특별히 좋아하는 OST는 피에르 파올로 파졸리니의 〈테오레마〉(1968)이다. 하길종 감독이 〈화분〉(1972)을 만들 때 참고한 것으로 보이는 이 영화는 한 신비로운 청년이 상류층 가정에 들어와 가족 일원 모두와 사랑을 나누고 떠나는 내용을 담고 있는데 그 청년이 떠나고 난 뒤 가족들은 모두 커다란 변화를 겪게 된다. 이 영화에서도 모리꼬네의 실험성이 돋보이지만, 이 영화의 오프닝에서 흘러나오고 영화 속에서 여러 번 반복되어 사용되는 재즈곡을 나는 특히 정말 좋아한다. 그런데 이 곡은 알고 보니 테드 커슨(Ted Curson)의 「Tears for Dolphy 돌피를 위한 눈물」이었다. 결과적으로 이 곡은 모리꼬네와 관련이 없는 걸로 확인됐지만 그동안 모리꼬네가 작곡한 걸로 알고 있었다. 그렇기에 앞으로도 모리꼬네와 함께 기억될 듯싶다.

아마도 대중들이 가장 사랑하는 모리꼬네의 곡은 쥬세페 토르나토레의 〈시네마 천국〉(1988) OST일 것이다. 토토와 영사기사 알프레도의 아름다운 우정을 통해 '영화'에 헌사를 바치는 이 작품의 OST는 〈시네마 천국〉뿐만이 아니라 '영화' 자체를 사랑하게 만든다. 영화에 미쳐 살아온 나인 만큼 나도 이 영화를 사랑하지 않을 도리가 없다. 그런데 내가 이 영화를 사랑하게 된 데에는 모리꼬네의 음악이 큰 영향을 미쳤음에 틀림없다. 나는 이 영화를 MBC에서 처음 본 이래 오랫동안 극장에서는 보지 못하다가 몇 년 전에 드디어 한국영상자료원에서 이 영화를 보았다. 극 중 시네마 천국 극장에서 한 관객이 영화를 보면서 영화 대사를 다 따라 하는 장면에서 눈물을 흘리고 말았다. 그 장면에서 내가 울 줄은 나도 몰랐다. 그리고 마침내 스크린으로 마주한 너무나 유명한 엔딩 장면. 그 장면에서 모리꼬네의 음악이 흐르기 시작하는 순간부터 자동적으로 울컥하는 심정이 되었고 토토와 같은 심정으로 검열로 인해 삭제된 수많은 영화의 키스 장면들을 보았다. 그 장면을 보면서 너무도 아름다워서 슬프기까지 한 모리꼬네의 곡의 선율과 함께 형언할 수 없는 감정에 사로잡혔다. 그 순간 나는 토토와 혼연일체가 된 듯했다. 그때의 행복감과 벅찬 마음은 이루 말할 수 없으리라.

최근에 흥미로운 사실을 하나 알게 되었는데 봉준호 감독의 〈기생충〉에 삽입되어 크게 화제가 되었던 지안니 모란디의

「In ginocchio da te 그대 앞에 무릎 꿇고」가 엔니오 모리꼬네와 관련이 있다는 것이다. 알고 보니 이 곡은 에토레 마리아 피자로티(Ettore Maria Fizzarotti) 감독이 만든 동명의 영화에 삽입된 곡이었고, 그 영화의 음악을 담당한 사람이 바로 모리꼬네였다. 이 영화에서 지안니 모란디는 주연으로 직접 출연해서 영화의 클라이맥스로 추정되는 장면에서 이 곡을 부르고 여주인공과 사랑을 이룬다. 이듬해, 지안니 모란디와 여주인공이 또다시 캐스팅되어 후속편이 만들어졌다. 이 영화에서 모리꼬네의 곡은 어떨지 무척 궁금하다.

이제 마지막으로 세르지오 레오네의 걸작 〈옛날 옛적 서부에서〉를 얘기할 때가 되었다. 영화 사상 최고의 서부극 중의 한 편인 이 영화는 존 포드의 걸작 〈리버티 밸런스를 쏜 사나이〉에 영향을 받아 서부에 바치는 장엄한 엘레지이다. 레오네는 〈옛날 옛적 서부에서〉와 포드의 서부극과의 연관성을 숨기지 않으려는 듯 포드 영화의 단골 배우들인 우디 스트로드와 헨리 폰다를 이 영화에 출연시켰다(우디 스트로드는 〈리버티 밸런스를쏜 사나이〉에서 존 웨인의 부하 폼피역으로 출연했다). 철로가 놓이면서 서부가 점점 문명화되고 그로 인해 무법 시대를 풍미했던 서부의 총잡이들이 사라져가는 전환기를 그리는 이 영화는 한 시대의 종언을 보여주는 만큼 애잔하고 슬픈 마음을 금할 수가 없게 만든다. 이 영화에서의 모리꼬네의 음악은 옛 서부가 사라져가는 풍경이 전해주는 멜랑콜리와 문명의 도래와 함께 새로운 희망이 뒤섞인 복합적인 감정을 잘 전달하는 데 성공하여 관객에게 결코 잊지 못할 여운을 남긴다. 특히 이 영화의 주제곡은 정말 압권이다. 이 곡을 들을 때마다 무언가가 눈앞에서 사라져 전설이나 신화가 되어버리는 느낌을 받는데 그 상실감이 절절하게 느껴져 울컥하는 마음을 갖지 않을 수가 없다. 이 곡에서 여성의 목소리로 사라진 옛 서부가 스크린에서 잠시 부활한 뒤 이내 다시 영화와 함께 영원히 사라져 버릴 것이라는 슬픈 예감 또한 갖게 만든다.

이 주제곡이 나오는 가운데 〈옛날 옛적 서부에서〉에서의 불후의 명장면이 연출된다. 바로 이 영화의 엔딩에서 질(클라우디아 카르디날레)이 하모니카(찰스 브론슨)와 작별하는 장면이다. 하모니카가 마을을 건설하고 있는 인부들을 보면서 질에게 말한다. "아름다운 도시가 될 거예요, 스위트워터.(Gonna be a beautiful town, Sweetwater.)" 그러자 질이 하모니카에게 말한다. "언젠가 다시 돌아오면 좋겠어요.(I hope you'll come back someday.)" 하모니카는 고개를 돌려 그녀를 잠시 바라보다가 다시 고개를 돌리고 문밖으로 나가면서 조용히 말한다. "언젠가.(Someday.)" 담백하게 연출된 이 짧은 대화 장면은 그야말로 심금을 울린다. 이 장면은 단순히 한 인물과 작별하는 것이 아니라 한 시대와 작별하는 순간을 보여주고 있기 때문이다. 하모니카는 '언젠가'라고 답했지만, 그는 결코 다시 돌아올 수 없다. 그도 그것을 알고 있을 것이다. 사실 질도 알고 있을 것이다. 이 영화를 보고 있는 관객들도 그가 돌아올 수 없다는 걸 알고 있다. 질과 하모니카가 거짓 희망을 말하고 있기에 이 장면이 너무 슬픈 것이다. 하모니카는 형의 복수에 성공했지만, 한편으로는 그가 프랭크(헨리 폰다)를 죽인 것은 그 스스로 그가 존재했던 시대를 끝내버린 것이기도 하다. 프랭크가 없이는 하모니카도 존재할 수 없기 때문이다. 이제 하모니카에게 남은 것은 죽음뿐이다. 그런 측면에서 이 영화는 〈리버티 밸런스를 쏜 사나이〉와 동일한 주제를 반복한다. 〈옛날 옛적 서부에서〉에서의 하모니카와 〈리버티 밸런스를 쏜 사나이〉에서의 톰 도니폰(존 웨인)은 같은 선상에 놓여 있는 인물인 것이다. 모리꼬네의 아름다운 선율이 흐르는 가운데 문명의 도래와 함께 새로운 시대에서 주역으로 살아갈 질과 옛 서부를 상징하는 인물로 역사의 뒤안길로 사라질 운명에 처한 하모니카가 서로 눈빛과 시선으로 미묘한 감정을 주고받는 얼굴 클로즈업 쇼트들은 이른바 '시네마틱함'의 절정이라고 할 만하다. 그렇게 〈옛날 옛적 서부에서〉는 전설이 되었다.

오래전에 엔니오 모리꼬네 내한 공연에 갔었다. 그때 현장에서 〈옛날 옛적 서부에서〉의 주제곡과 〈시네마 천국〉의 곡을 들었던 기억이 떠오른다. 가까이에서 모리꼬네를 실제로 볼 수 있어서 감격적이었다. 그의 부고 소식을 접하고 나니 그때 공연에 갔었던 게 참 다행이었던 듯싶다. 늘 그가 그리울 것 같다.

엔니오 모리꼬네 작곡가님, 그동안 정말 감사했습니다. 이제 하늘에서 편히 쉬세요.

지나 롤랜즈를 추모하며
그날, 나는 존 카사베츠의 〈오프닝 나이트〉를 보았다

2024년 8월 14일 지나 롤랜즈가 타계했다. 향년 94세. 내 인생에서 가장 큰 감동을 줬고 여전히 볼 때마다 감동을 주는 영화 중의 한 편인 존 카사베츠의 걸작 〈오프닝 나이트〉(1977) 한 편만으로도 나는 지나 롤랜즈를 추모하지 않을 수 없다. '지나 롤랜즈'라는 이름이 나에게 처음으로 각인된 건 《키노》에서 읽었던 김지운 감독의 글 때문이었던 것 같다. 너무 오래되어서 정확하게 기억나지는 않지만, 그 글에서 김지운 감독은 영화사에는 엄청난 연기력의 소유자인 '마녀'가 있다면서 바네사 레드그레이브, 지나 롤랜즈 등을 언급했다. '마녀'라는 표현과 함께 그 글을 통해 나는 롤랜즈에 대한 호기심을 갖게 되었다. 그리고 감동적인 영화였던 페드로 알모도바르의 〈내 어머니의 모든 것〉(1999)의 엔딩 크레딧에서 알모도바르는 베티 데이비스, 로미 슈나이더와 함께 지나 롤랜즈를 언급하면서 그들에게 존경을 바쳤는데 그때도 내 눈에 지나 롤랜즈의 이름이 확 들어왔다. 흥미롭게도 〈내 어머니의 모든 것〉에서 알모도바르는 〈오프닝 나이트〉의 한 장면을 인용하고 있기도 하다.(내가 〈내 어머니의 모든 것〉을 처음 볼 당시에 이 사실을 알았는지 그 이후에 알게 됐는지는 확실치 않다.)

롤랜즈가 출연한 다른 영화들도 많이 있지만 아무래도 롤랜즈는 그녀의 남편이자 위대한 영화감독이자 배우인 존 카사베츠의 영화 속에서의 연기로 유명했기 때문에 나도 2002년 서울독립영화제에서 존 카사베츠 회고전이 열렸던 때 영화 속에서 롤랜즈를 처음 보게 되었다. 이때 하이퍼텍 나다에서는 당시로서는 가장 큰 규모로 장-뤽 고다르 회고전이 열리고 있었는데 고다르를 좋아하는 나로서는 양 쪽 회고전에서 상영작들을 전부 볼 수 있도록 시간표를 짜느라 오랜 시간 고민했었고 그런 이유로 인해 그때의 기억이 더 생생하다.

존 카사베츠 회고전에서 봤던 〈얼굴들〉(1968), 〈영향 아래 있는 여자〉에서의 롤랜즈의 연기는 대단했다. 일반적으로 롤랜즈의 출연작 중 가장 높은 평가를 받는 영화가 〈영향 아래 있는 여자〉다. 이 영화로 롤랜즈는 골든 글로브 여우주연상을 수상하고 오스카 여우주연상 후보에도 올랐다. 이 영화에서 롤랜즈는 산업 현장에서 일하는 남편인 닉(피터 포크)에게 애정을 갈구하는 메이블 역으로 출연했는데 신경 쇠약 직전의 상태에 놓인 주부의 광기를 경이적인 수준으로 구현했다. 〈영향 아래 있는 여자〉만으로도 이미 롤랜즈의 진가를 충분히 파악하고도 남았었는데 개인적으로 카사베츠의 최고작이라고 생각하는 〈오프닝 나이트〉는 〈영향 아래 있는 여자〉를 뛰어넘어 그야말로 충격이었다. 〈오프닝 나이트〉에서의 롤랜즈의 연기는 나를 완전히 사로잡아서 내 영혼을 뒤흔들었다. 저런 연기가 가능하다는 걸 스크린으로 보고 있으면서도 내 눈을 믿을 수 없는 수준이었다. 이 영화에서 롤랜즈는 스타 배우인 머틀 고든을 연기하는데 머틀은 신작을 준비하는 과정에서 무대와 현실 사이에서 정신적인 혼란을 겪는다. 신작을 처음으로 소개하는 오프닝 나이트에 만취한 상태로 나타난 그녀는 어떻게 해서든지 극을 성공적으로 마쳐야 하는 상황에 놓이게 된다. 이때부터 신기에 가까운 롤랜즈의 퍼포먼스가 펼쳐지기 시작한다. 실제로 만취한 상태에서 연기한 게 아닌가 싶을 정도로 그녀는 무대 뒤에서 몸을 가누지 못해 계속 쓰러지지만, 막상 무대에 등장하면 온몸으로 버티며 역할을 소화해낸다. 안간힘을 써가며 버티고는 있으나 만취 상태에서 맨정신처럼 연기하기는 쉽지 않기 때문에 연극은 점점 즉흥극처럼 변해간다.

이 연극의 말미에 모리스(존 카사베츠)와 머틀이 대사를 주고받는 장면이 있는데 이 장면의 훌륭함은 말로 표현하기 힘들 정도이다. 뭔가 웃기고 슬프고 말도 안 되는 것 같은데 그게 인생인 것 같기도 하고 한마디로 굉장하다. 이렇게 대본과는 전혀 다르게 흘러간 연극을 보던 제작자와 극작가는 극도로 실망한 표정으로 극장 밖으로 나갔다가 돌아오는데 놀랍게도 이 연극은 관객들의 기립 박수가 이어지며 대성공을 거둔다. 나도 이 연극 장면을 보면서 극 중 관객들처럼 기립 박수를 치고 싶었다(퍼포먼스를 통해서 영화의 엔딩에서 이 정도로 감동을 주는 순간으로는 로버트 알드리치의 걸작 〈캘리포니아 돌스〉(1981) 정도가 떠오를 뿐이다). 〈오프닝 나이트〉의 마지막 장면에서 연극을 본 매니(벤 가자라)의 아내인 도로시는 그동안 탐탁치 않게 여겼던 머틀과 뜨거운 포옹을 나누면서 "대단했어요."라고 몇 번을 외친다. 그리고 영화는 프리즈 프레임으로 정지되는데 이때의 감동은 형언 불가능하고 영원히 내 가슴 속 깊이 각인되었다.

롤랜즈는 〈오프닝 나이트〉로 베를린국제영화제 여우주연상을 수상했는데 이 영화가 위대한 것은 무엇보다도 신들린 듯한 롤랜즈의 연기력 탓이겠지만 한편으로 이 영화 자체가 존 카사베츠의 영화 세계를 닮아있기 때문이다. 정형화된 연극(관습적인 영화)의 틀을 깨고 우연과 즉흥성을 적극적으로 반영한 즉흥극을 통해 생동하는 삶의 에너지를 전달하고자 했던 게 카사베츠의 영화가 아니던가.

그때 이후로 나는 카사베츠의 연출작들인 〈별난 인연〉

(1971), 〈글로리아〉(1980), 〈사랑의 행로〉 등 롤랜즈의 출연작
들을 더 보았는데 그녀의 연기는 늘 나의 경탄을 자아냈다.
〈별난 인연〉에서는 그녀가 코믹 연기에도 능함을 유감없이 보
여줬고 왕가위의 〈중경삼림〉(1994)에서 임청하 캐릭터에 영향
을 줬던 〈글로리아〉에서는 터프한 여성 갱스터로서의 모습이
강렬했으며 〈사랑의 행로〉에서는 끊임없이 사랑을 찾아 헤매
는 가녀린 영혼을 가진 섬세한 캐릭터를 연기했다. 특히 〈사
랑의 행로〉에서 롤랜즈는 카사베츠와 남매로 출연하는데 두
배우의 연기 대결은 두 개의 악기로 이루어진 잼 세션을 방불
케 했다. 이 영화에서의 두 배우의 연기는 어떤 경지를 보여주
는 수준으로 나아간다.

도대체 왜 지나 롤랜즈의 연기는 이토록 나를 사로잡았을
까. 연기 전문가가 아닌 나로서는 정확한 답을 하기가 쉽지 않
다. 일단 스크린 속에서의 지나 롤랜즈는 너무 멋지다. 너무
뻔한 답이기는 하지만 그녀 자체가 '시네마'가 아니었을까 싶
다. 그녀의 당당한 자태, 그녀가 발산해내는 생동감과 에너
지, 힘있는 목소리, 그녀 특유의 쓴 웃음, 돌발적인 몸짓, 상
황을 반전시키는 순발력, 터프하지만 한편으로는 섬세한 감
정 표현, 때때로 어머니로서의 모성을 보여줄 때의 감동, 담
배를 피우는 모습, 연약한 육체로 쓰러지는 순간 그리고 무엇
보다도 독보적인 아우라를 풍기는 그녀의 얼굴…. 그녀의 모

든 것이 영화적인 순간들을 만들었다. 지나 롤랜즈가 얼마나 대단한 배우인가를 순식간에 보여주는 장면으로는 역시 〈글로리아〉의 한 장면을 떠올릴 수 있을 것이다. 글로리아(지나 롤랜즈)는 마피아들에게 살해당한 이웃의 아들인 필을 얼떨결에 보호해야 하는 상황에 놓이게 된다. 그런데 아이를 돌보는 것에 익숙지 않은 그녀는 길거리에서 필을 떼어놓으려고 한다. 이때 갑자기 글로리아를 쫓던 마피아들의 차가 그녀의 앞에 도착한다. 마피아들과 대화를 나누던 그녀는 갑자기 권총을 꺼내서 마피아들에게 총격을 가하고 결국 그들이 타고 있던 차마저 전복시킨다. 순식간에 벌어진 이 일을 통해 대사가 아닌 글로리아의 행위와 제스처만으로 그녀의 심리 변화가 압축적으로 잘 표현된다. 이 장면이야말로 예측 불가능한 현실을 포착하는 존 카사베츠 영화의 정수이자 이 상황에 발빠르게 반응하는 롤랜즈 연기의 정수가 담겨있다고 할 만하다. 가장 최근에 봤던 롤랜즈의 출연작은 짐 자무쉬의 〈지상의 밤〉(1991)이었는데 롤랜즈에 대한 자무쉬의 애정을 듬뿍 느낄 수 있는 작품이었다.(짐 자무쉬는 롤랜즈가 사망한 후 인스타그램에 그녀에 대한 추모글을 올리기도 했다.)

타의 추종을 불허하는 수준의 연기자였으나 롤랜즈의 연기가 유독 빛을 발한 것은 그녀의 예술적 동반자였던 카사베츠의 영화들 속에서였다는 걸 떠올려본다면 남편과의 협업이 그녀에게 끼친 영향도 무시할 수는 없을 것 같다. 말년에 그녀는 자녀들이 연출한 영화인 〈노트북〉(닉 카사베츠, 2004), 〈브로큰 잉글리쉬〉(조 R. 카사베츠, 2007) 등에 출연했고 그 외에 그녀의 출연작들이 많지 않다는 걸로 짐작해볼 때 자녀들에게 큰 애정을 보여준 어머니로서의 그녀가 매우 인상적으로 다가온다. 지나 롤랜즈는 존 카사베츠와 함께 가족 시네마의 위대한 사례 중의 하나로 남을 것이다. 지나 롤랜즈에 대한 나의 찬사는 해도 해도 끝이 없을 것 같다. 계속 미뤄뒀던 롤랜즈의 출연작들인 우디 알렌의 〈또 다른 여인〉(1988)과 〈노트북〉을 빨리 보면서 그녀를 추모하고 싶다. 그리고 그녀가 베티 데이비스와 함께 출연한 작품도 꼭 찾아서 보고 싶다. 두 대배우 간의 연기 대결이 무척 기대된다. 조만간 지나 롤랜즈 추모전이 열리기를 진심으로 바란다.

지나 롤랜즈 배우님, 그동안 정말 감사했습니다.

나에게 연기가 어떤 것이며 영화 속에서 연기가 어떤 것을 할 수 있는지를 온몸으로 보여준 지나 롤랜즈의 삶에 진심으로 경의를 바치고 그녀의 죽음을 깊이 애도하며 부디 그녀가 하늘에서 평안하기를 바란다.

알랭 들롱을 추모하며
그는 시네마였다

지나 롤랜즈를 추모하는 마음이 채 가시지도 않았는데 이번에는 세기의 미남 배우인 알랭 들롱이 타계했다. 2024년 8월 18일. 향년 88세. 알랭 들롱도 내가 너무 사랑하는 배우라서 지나 롤랜즈에 이어서 추모글을 쓰지 않을 수 없다(이렇게 짧은 시간에 추모글을 연이어 쓰는 건 처음이다).

알랭 들롱의 대표작 중에는 세계영화사에 남는 걸작이 수두룩하다. 그런 측면에서 알랭 들롱은 영화의 역사 그 자체라고 봐도 무방할 것이다. 르네 클레망의 〈태양은 가득히〉(1960), 루키노 비스콘티의 〈로코와 그의 형제들〉(1960), 〈레오파드〉(1963, 칸영화제 황금종려상 수상작), 장 피에르 멜빌의 〈사무라이〉, 〈암흑가의 세 사람〉(1970), 〈형사〉(1972), 미켈란젤로 안토니오니의 〈일식〉(1962), 조셉 로지의 〈미스터 클라인〉(1976, 세자르 영화제 작품상, 감독상, 미술상 수상작), 장-뤽 고다르의 〈누벨바그〉(1990)…. 알랭 들롱을 단번에 세계적인 스타로 만든 그의 출세작인 〈태양은 가득히〉가 대중적으로 가장 유명하다면 소위 시네필들 사이에서는 그가 비스콘티, 멜빌, 안토니오니 등과 함께 작업한 작품들이 더 많은 사랑을 받고 있다. 유럽 예술영화, 당대에 대중적인 범죄 오락 영화에 이르기까지 알랭 들롱은 종횡무진으로 활약하면서 프랑스를 상징하는 대표 배우로 수많은 이들의 기억 속에 남아 있다.

추모글을 쓰면서 배우로서의 알랭 들롱의 매력은 무엇이었는지 떠올려보려고 하니 '알랭 들롱'이라는 이름이 주는 존재감이 이미 어마어마하기에 특별히 덧붙일 말을 찾기가 어렵다. 이러한 사실은 알랭 들롱이 영화사에서 전설의 아이콘으로서 얼마나 상징적인 존재였는지를 반증하고 있다고 볼 수도 있을 것 같다. 그래도 굳이 한번 그의 매력을 따져본다면 역시 영화 사상 유례없는 배우라는 찬사를 받은 그의 조각 같은 얼굴을 매력의 으뜸으로 들 수 있을 것 같다. 얼굴의 아우라로만 판단해볼 때 영화사에서 알랭 들롱을 능가하는 배우가 과연 존재했는가 하는 생각이 들 정도로 그의 얼굴이 뿜어내는 영화적인 힘은 압도적이다. 알랭 들롱의 얼굴은 단순히 잘생긴 것에 그치지 않는다. 만약 그의 얼굴이 잘생긴 것 이상으로 어떤 특별한 것을 가지지 않았다면 그는 지금과 같이 세기의 아이콘으로 자리 잡지 못했을 것이다.

일단 그의 얼굴은 신비스러운 분위기를 풍긴다. 고독하고 우수에 찬 이미지이다가도 살짝 미소를 머금으면 이내 개구쟁이 같은 모습으로 탈바꿈하기도 한다. 요컨대 그의 얼굴은 하나로 정의될 수 없는 다양한 가능성을 품고 있다. 많은 감독이 신비한 들롱의 얼굴을 어떻게 각자의 영화 세계 속에 잘 녹여내어 사용할 수 있을지를 실험해왔다. 그리고 그 결과물로서 우리는 영화 속에서 다양한 들롱의 얼굴을 만날 수 있었다. 들롱의 얼굴은 관객이 마냥 몰입하게 만드는 것만이 아니라 한편으로 일정 부분 거리를 두게 만든다. 관객은 들롱의 얼굴을 보면서 동화와 이화 사이의 어느 지점에서 표류한다. 이걸 바꿔 말하면 동화와 이화 사이에서 탁월한 균형 감각을 발휘하는 얼굴이라고 할 수도 있겠다.

내가 볼 때 이 점이 들롱의 얼굴에서 가장 신비스러운 측면이다. 그리고 바로 이 점 때문에 들롱이 다양한 성향과 스타일을 가진 감독들과 함께 작업했음에도 불구하고 매번 높은 예술적 성취를 이룰 수 있었다고 생각한다. 가령 모호한 감정으로 가득 차 있으며 시종일관 건조하고 권태로운 무드로 일관하는 〈일식〉에 들롱의 잘생긴 얼굴이 어떤 이질감도 없이 제대로 흡수되는 것을 떠올려보면 좋을 듯도 싶다.

알랭 들롱 얼굴의 아우라를 바탕으로 내가 좋아하는 영화를 떠올려본다. 〈태양은 가득히〉(1960)에 등장하는 알랭 들롱의 눈빛은 언제 보아도 단번에 그의 매력에 흠뻑 빠져들게 만드는 마력이 있지만 내가 알랭 들롱에게 가장 매혹되었던 두 편의 영화는 〈사무라이〉와 〈미스터 클라인〉이다. 〈사무라이〉는 장 피에르 멜빌의 대표작이자 알랭 들롱의 대표작이며 프렌치 누아르를 정점에 올려놓은 걸작이다. 이 영화는 프렌치 무드를 상징하는 작품이 되었으며 이후로 오우삼, 두기봉, 마이클 만, 짐 자무쉬 등 수많은 감독에게 영향을 끼쳤다. 이 영화는 '알랭 들롱＝〈사무라이〉'라고 해도 무방할 정도로 알랭 들롱의 대표작 중의 대표작인데 이 영화의 주인공인 제프 코스텔로 역으로 알랭 들롱 이외에 그 누구도 떠올릴 수 없다. 대체 불가다. 그런 측면에서 보자면 멜빌만큼 알랭 들롱의 이미지를 잘 사용한 감독은 없을 것이다. 초절정의 무드를 구현해낸 멜빌의 연출력도 탁월하지만 알랭 들롱의 캐스팅만으로 이미 이 영화는 걸작이 될 운명을 타고났다는 생각이 들 정도로 〈사무라이〉에서의 들롱의 존재감은 상상을 뛰어넘는다. 〈사무라이〉는 얼굴(중절모를 우아하게 쓰는 모습)에서 시작해서 얼굴(유일한 목격자 피아니스트 발레리를 바라보는 모습)으로 끝난다고 해도 과언이 아니다. 이 영화에서 제프는 시종일관 무표정하고 말수도 적지만 들롱의 얼굴은 영화 속에서 말해지지 않은 모든 것들을 설득해낸다. 영화의 마지막 장면에서 제프가 발레리와 시선을 주고받다가 결국 비극을 맞이한 채 모호한 상황 속에서 영화가 끝남에도 불구하고 관객이 깊은 여운에 사로잡혀 뭔가 알 수 없는 감정을 느끼는 것도 들롱의 얼굴 때문이다.

들롱이 제작자로도 참여한 〈미스터 클라인〉은 〈사무라이〉
에서의 들롱의 이미지를 활용한 흥미로운 작품이다. 상대적
으로 들롱의 다른 출연작들에 비해 덜 알려져 있으나 거장 조
셉 로지의 훌륭한 연출력과 함께 들롱이 최고 수준의 연기를
보여주는 걸작이다. 이 영화에서 들롱은 2차 대전 기간 프랑
스에서 탈출하려는 유대인들의 미술품을 싼값에 사들여 이익
을 취하는 미술상인 로베르 클라인 역으로 출연하는데 갑자
기 그에게 유대인 신문이 배달된 이후로 유대인으로 의심받
으면서 곤경에 처한다. 로베르는 스스로 유대인이 아님을 증
명하려고 고군분투하지만, 실패하고 정체성에 혼란을 느낀
다. 영화의 초반에 뭐 하나 부족함 없는 로베르의 상태를 반영
한 듯한 그의 잘생긴 얼굴은 후반부로 갈수록 모호함이 가득
한 유령의 형상으로 변해간다.

이 영화에서 로베르는 〈사무라이〉의 중절모와 유사한 중절
모를 자주 쓴다. 로베르가 중절모를 쓸 때마다 그에게서 영락
없는 제프의 모습이 나타난다. 〈사무라이〉 때보다 나이가 좀
더 들었을 뿐이다. 〈사무라이〉에서 제프는 유령과 같은 존재
이다. 그는 주로 밤에 활동하며 홀로 고립된 채 지낸다. 그의
존재를 아는 사람은 별로 없으며 실제로 킬러로서 그는 흔적
을 남기지 않는 것이 중요하다. 무표정하고 기계적으로만 움

직이는 그에게 인간미를 찾아보기는 힘들다. 이런 측면에서 본다면 물리적 실체가 없는 것은 아니지만 제프는 유령과 다를 바 없다. 이를 종합해보자면 〈미스터 클라인〉은 로베르가 점점 제프로 변해가는 과정을 보여주는 영화라고도 할 수 있겠다. 〈미스터 클라인〉에 알랭 들롱이 제작자로 참여한 것은 이 영화가 얼굴에 관한 심오한 통찰을 보여주는 작품이기 때문은 아니었을까 싶기도 하다. 들롱 자신도 그의 연기 경력 안에서 그의 얼굴에 대한 중요성을 스스로 자각하고 있지 않았겠냐는 것이다. 이런 맥락에서 로베르의 진짜 얼굴을 찾아가는 여정을 그린 이 영화는 들롱의 얼굴을 메타적 관점으로 탐구하고 있는 작품이라고 볼 수도 있을 것 같다.

유튜브에서 알랭 들롱이 그의 경력 초기에 했던 인터뷰를 보았는데 무척 재미있었다. 그는 처음에 이브 알레그레의 〈여자가 다가올 때〉(1957)에 출연 제의를 받았을 때 굳이 연기를 할 생각이 없었다고 한다. 그러다가 이브 알레그레의 정성에 감복해서 연기를 하게 됐는데 2주 만에 카메라와 사랑에 빠졌다고 고백한다. 그리고 그는 르네 클레망, 루키노 비스콘티 등 감독들에게 큰 존경심을 표하고 있었고 특히 르네 클레망은 그에게 연기에 관한 모든 것을 가르쳐준 연기 스승이라고 말한다. 이 인터뷰 영상을 보면서 연기에 대해 진지한 모습을 보이는 알랭 들롱이 매우 인상적이었다. 이브 알레그레가 들롱을 설득하지 못했다면 세계영화사가 얼마나 빈곤했을까. 이브 알레그레에게 고마운 마음마저 생겼다. 알랭 들롱이 국내에 내한한 적이 있다는 것도 처음 알게 됐는데 그때 들롱을 실제로 보지 못한 것이 무척 아쉽다. 조만간 알랭 들롱 추모전이 열리기를 진심으로 바란다. 마침 한국영상자료원에서 들롱의 출연작인 자크 드레이의 〈수영장〉(1969)을 상영한다고 하니 오랜만에 이 영화를 다시 보면서 그를 추모하고 싶다. 한 시대를 풍미한 위대한 배우의 죽음을 깊이 애도하며 부디 그가 하늘에서 평안하기를 바란다.

데이빗 린치를 추모하며

〈스트레이트 스토리〉에서 어머니를 만났다

2025년 1월 16일 미국의 거장 데이빗 린치가 타계했다. 향년 78세. SNS를 통해 린치에 대한 어마어마한 추모 열기를 느껴서 린치의 인기를 새삼 실감했다. 그의 영화 〈스트레이트 스토리〉(1999)는 나에게 각별한 의미가 있다. 돌아가신 어머니와 마지막으로 함께 본 영화이기 때문이다.

어린 시절부터 나는 어머니와 함께 TV에서 상영하는 영화를 많이 보았고 그 시간이 아름다운 추억으로 남아 있다. 그런데 그 추억은 슬프게도 내가 영화를 보다가 졸았거나 잠들었던 경험과 관련이 있다. 가장 인상적인 기억은 제임스 L. 브룩스의 〈애정의 조건〉(1983)을 어머니와 함께 봤을 때이다. 나는 영화를 보다가 중간에 졸려서 자러 들어갔던 것으로 기억한다. 그런데 잠을 자고 눈을 떴을 때 봤던 어머니의 얼굴을 결코 잊을 수 없다. 어머니는 그 영화를 보고 너무 울어서 눈이 퉁퉁 부어 있었다. 당연히 어머니가 그렇게 운 이유가 궁금했지만 나는 이상하게도 아직도 그 영화를 보지 않고 있다.

　내가 영화를 보다가 잠들었던 다른 영화로는 존 슐레진저의 〈마라톤 맨〉(1976)도 있다. 이 영화의 경우 정말 재미있게 보다가 잠이 들었었는데 아침에 일어나니까 어머니와 누나가 이 영화 이야기를 나누는데 끼어들 수 없어서 꽤 속상했던 기억이 난다. 다행스럽게 어머니와 끝까지 함께 영화를 본 적은 있었다. 나루세 미키오의 〈부운〉을 보면서 어머니가 이태리 네오리얼리즘 영화가 떠오른다고 한 적이 있고 스티븐 스필버그의 〈죠스〉를 볼 때는 내가 혼자 신나서 어머니에게 〈죠스〉에서의 서스펜스 전략이 히치콕에게 빚지고 있다고 설명한 기억도 난다.

　그리고 시간이 흘러 어머니가 폐섬유증으로 투병 생활을 하면서 거실과 방을 오가는 정도도 몹시 힘들어하던 때에 나는 거실에서 어머니와 함께 〈스트레이트 스토리〉를 보게 되었다. 이전에 이 영화를 보지 못했기에 나는 기쁜 마음으로 어머니와 함께 영화를 보기 시작했다. 그런데 나는 영화를 본 지 얼마 안 되어서 어머니 옆에서 그만 잠이 들고 말았다. 그리고 눈을 떴을 때에서야 잠든 것을 알게 되었는데 이미 영화는 끝나 있었다. 나는 고개를 돌려 소파에 앉아있던 어머니의 얼굴을 보았다. 그러자 당시 숨이 차서 말 한마디 하기 힘들어하던 어머니는 만족스러운 표정으로 나에게 영화가 좋았다고 말했다. 그때 나는 속으로 너무 아쉬워서 마음이 무너지는 줄 알았다. 또다시 어머니와 좋은 영화를 함께 보고 소감을 나눌 기회를 놓치게 된 것이 매우 속상했기 때문이다. 그리고 얼마 지나지 않아 어머니는 세상을 떠났다. 그래서 〈스트레이트 스토리〉는 어머니에 대한 애틋한 기억을 간직한 채 어머니와 내가 함께 본 마지막 영화가 되었다.

그 이후로 〈스트레이트 스토리〉를 떠올릴 때면 어머니와 함께 그 영화를 봤던 기억이 함께 떠올랐다. 그렇게 이 영화는 나에게 있어서 어머니에 대한 그리움을 상징하는 작품이 되어갔다. 그 영화를 볼 때 잠이 드는 바람에 속상했던 마음은 일종의 마음의 짐으로 변해갔다. 이런 상태라면 혹자는 당장 〈스트레이트 스토리〉를 찾아서 보고 짐을 내려놨을 텐데 나는 계속 이 영화를 보는 것을 미루었다. 도대체 내가 왜 그렇게 행동했는지 나 자신도 이해할 수 없었다.

그렇게 수년간 지내고 있었는데 작년 한국영상자료원에서 〈스트레이트 스토리〉를 상영한다는 소식을 알게 되었다. 이번 기회는 놓치지 않고 관람을 미루고 미루었던 이 영화를 꼭 봐야겠다는 마음이 들었다. 그리고 나는 드디어 한국영상자료원에서 〈스트레이트 스토리〉를 보았다. Simple is the best. 영화를 보면서 〈스트레이트 스토리〉만큼 이 말이 잘 어울리는 작품도 많지 않다는 생각이 들었다. 〈스트레이트 스토리〉는 앨

빈 스트레이트(리차드 판스워스)가 소원해진 형 라일(해리 딘 스탠튼)이 아프다는 소식을 듣고 트랙터를 타고 라일의 집으로 가는 여정을 담는다. 단순함과 간결함만으로 삶에 대한 깊이 있는 통찰에 다다르는 놀라운 로드 무비이다. 린치의 숨겨진 보석 같은 걸작이라고 할 만하다. 영화를 보는 내내 이 좋은 영화를 뒤늦게 본 것이 후회되었고 어머니와 이 영화를 볼 때 잠들었다는 사실이 또다시 너무나 마음 아프게 다가왔다.

이 영화에서 가장 인상적이었던 것은 영화의 오프닝과 엔딩에 나오는 밤하늘에 무수히 떠 있는 별의 이미지였다. 어머니에 대한 그리움에 사로잡혀 이 영화를 보면서 계속 울먹거렸다. 그리고 이 영화의 엔딩 크레딧이 오를 때 나는 지금까지 영화를 보면서 단 한 번도 겪지 못했던 경험을 하게 되었다. 예기치 못했던 그 놀랍고 감격적인 순간은 지금도 가슴 깊이 간직하고 있다.

린치는 앨빈이 여러 우여곡절을 겪은 끝에 마침내 라일과 만나는 감동적인 순간을 보여주자마자 바로 영화를 끝내버린다. 이어서 별의 이미지와 함께 엔딩 크레딧이 올라가기 시작한다. 뭔가 큰 감동에 젖어 화면 속에 있는 무수히 많은 별을 하염없이 계속 바라보고 있는 가운데 갑자기 나는 그 별들 속에서 어머니를 만났다!

화면에서 어머니의 얼굴이 이미지로 떠오른 것은 아니다.

그러나 나는 '만났다'는 단어 이외에는 다른 적절한 표현을 찾을 수 없을 것 같다. 별의 이미지와 함께 엔딩 크레딧이 올라가는 동안 그리 긴 시간은 아니었지만 나는 마음속으로 어머니와 대화를 나눴다.

"어머니, 잘 지내고 계시죠?" "보고 싶어요."

어머니에게 이런 말들을 했던 걸로 기억한다. 영화를 보면서 그런 경험이 가능할 걸로 생각한 적은 없었기 때문에 너무 놀라웠다. 게다가 린치의 영화를 보면서 그런 경험을 하게 될 줄이야. 실로 너무 아름답고 시적이고 기적적인 순간이었다.

엔딩 크레딧이 끝나고 극장에 불이 켜졌을 때 나는 어머니와의 짧은 만남을 마치고 북받친 감정을 가라앉히며 다시 현실로 돌아왔다. 내가 다시 〈스트레이트 스토리〉를 보더라도 엔딩 크레딧을 보면서 어머니를 만날 수 있을까. 그렇게 된다면 참 좋으련만 알 수 없는 일이다. 〈스트레이트 스토리〉를 보면서 어머니를 만난 이후로 내 마음은 비로소 편안해졌다. 지금도 글을 쓰면서 그 순간을 떠올려보니 영화를 보면서 그런 경험을 했다는 게 정말 믿기지 않는다. 앞으로 어머니에 대한 그리움이 커질 때는 〈스트레이트 스토리〉를 보게 될 것 같다.

〈스트레이트 스토리〉에는 내게 특별한 사연이 있는 것이고, 많은 사람이 그렇겠지만 내가 제일 좋아하는 린치의 영화는 〈멀홀랜드 드라이브〉(2001)이다. 이 영화는 갑작스러운 사고로 인해 서로 만나게 된 베티(나오미 왓츠)와 리타(로라 해링)의 기이한 모험을 그린다.

이 영화가 처음 개봉했을 때 나는 이 영화의 난해함 때문에 집중도가 떨어졌었는지 아니면 애초에 피곤한 상태로 영화를 봤었는지 몰라도 영화를 보다가 중간에 졸고 말았다. 마지막에 실렌시오 클럽의 객석에 앉아있는 푸른색 머리를 한 귀부인이 시선을 관객 쪽으로 향한 상태에서 "실렌시오…."라고 낮게 읊조리듯 말을 하는 가운데 페이드 아웃이 되면서 영화가 끝났을 때 무척 당황했었던 기억이 난다. 그런데 마치 악몽을 꾸듯이 〈멀홀랜드 드라이브〉를 보면서 졸았던 것은 이 영화가 지향하는 상태와 유사한 체험을 몸소 겪은 것이 되기 때문에 감각적인 차원에서는 이 영화를 이해하는 데 오히려 긍정적인 결과를 낳게 되었다.

〈멀홀랜드 드라이브〉는 '꿈'에 대한 궁극의 영화화라고 할 수 있다. 만약 영화가 꿈이라면 이 영화 이상으로 꿈을 형상화하기란 쉽지 않다. 페데리코 펠리니, 잉마르 베리만, 루이스 브뉘엘, 안드레이 타르코프스키 등 영화를 통해 꿈을 이미지로 구현한 많은 감독이 있다. 내가 보기에 꿈을 형상화한 다른 감독들과 린치의 차이는 꿈을 퍼즐처럼 구성해 영화를 보면서 관객 스스로 퍼즐을 맞추도록 유도하는 데 있다(물론 이 퍼즐을 결코 완전하게 맞출 수는 없다). 즉, 관객과의 상호 관계성을 추구했다는 것이다. 꿈속에서 주체는 고정적이지 않으며 변화될 수 있는데 린치는 이것을 그의 영화 속에서 캐릭터가 갑자기 다른 캐릭터로 변화한다거나 그렇게 됨으로써 서사가 뒤집힌다거나 하는 식으로 표현했다. 이렇게 되면 관객은 영화를 보면서 굳이 꿈이라는 상태를 의식하지 않고 영화의 구조에 어떤 변화가 생겼는지 나름으로 분석해보는 재미에 몰두할 수 있게 된다.

⟨멀홀랜드 드라이브⟩에서의 실렌시오 클럽 장면이나 ⟨인랜드 엠파이어⟩(2006)에서 니키(로라 던)가 어떤 호텔에서 한 여성과 결국 만나게 되는 장면은 명백히 린치가 영화를 보는 관객을 고려해서 영화 속에 집어넣은 것이다. 또 ⟨멀홀랜드 드라이브⟩는 카밀라 로즈라는 이름의 배우를 캐스팅하라는 압력에 시달리는 영화감독 아담 케셔가 겪는 부조리한 일들을 통해 할리우드를 풍자하는 블랙 코미디로서의 면모도 지니고 있다.

나는 ⟨멀홀랜드 드라이브⟩를 본 이후로 일상생활에서 길을 찾아 헤매다가 제자리로 돌아오는 경험을 할 때면 늘 이 영화를 떠올리면서 "멀홀랜드 드라이브네."라고 즐겨 말하곤 했다. 그 정도로 뫼비우스의 띠 같은 이 영화의 구조는 나에게 깊이 각인되었다. 스티븐 스필버그의 자전적인 걸작인 ⟨파벨만스⟩에서 린치는 내가 정말 좋아하는 존 포드 감독 역으로 출연했다. 린치가 출연한다는 걸 모르고 있었던 나는 영화를 보면서 깜짝 놀랐다. 그런데 더 놀란 것은 존 포드가 그 장면을 봤더라도 만족하지 않았을까 싶을 정도로 린치가 존 포드 역을 잘 소화했다는 것이다. 성향이 다른 두 감독이 잘 매칭되지는 않지만 말이다. 극장판 〈트윈 픽스〉(1995)를 비롯해서 가끔 스크린 속에서 얼굴을 비추던 린치의 모습을 더 이상 볼 수 없게 되었으니 나에게 린치는 존 포드의 이미지와 함께 영원히 기억될 것 같다.

데이빗 린치 감독님, 감독님의 영화를 보면서 어머니를 만나는 놀라운 경험을 하게 해주셔서 정말 감사해요! 〈스트레이트 스토리〉와 함께 감독님을 영원히 기억할게요.

4
어느 가족

아버지와의 첫 포옹

아버지는 꿈속에서 오줌 눌 곳을 찾다가 장소를 찾지 못해 그냥 아무 곳에나 누었다는데 그게 현실로 이어졌다. 침대 시트까지 다 젖어서 아버지 옷을 포함해서 몽땅 세탁기에 집어넣고 아버지를 목욕시켜 드렸다. 그리고 피곤하신 것 같아서 새로 침대 시트를 깔고 다시 주무시게 해 드렸다. 그러고 나서 몇 시간 뒤 다시 안방에 가보았는데 세상에! 또다시 지린내가 진동하고 있었다.

아버지는 오줌을 통에 누시다가 흘렸다고 했는데 어쨌든 다시 이불이며 아버지 옷까지 다 젖어서, 젖은 옷가지를 세탁기에 집어넣고 다시 한번 아버지를 목욕시켜 드렸다. 지금까지 단 한 번도 하루 동안 아버지가 두 번이나 오줌을 싸신 적이 없기에 걱정이 된 나는 누나와 요양 보호사 아줌마에게 전화를 걸었다. 두 명 다 기저귀를 사서 아버지에게 채우라고 했다. 그리고 누나는 요양원을 알아보겠다는 얘기도 했다. 나는 아버지가 기저귀 차는 것을 싫어한다는 것을 잘 알고 있었지만, 상황이 상황인 만큼 처음으로 기저귀를 사러 갔다 왔다.

　하루가 지나고 밤 열두 시가 다 되어서 아버지가 주무시려 하자 누나와 아줌마의 부탁도 있었고 나는 이번만큼은 아버지의 고집을 꺾어서 반드시 기저귀를 채워드리겠다고 마음먹고 있었다. 아버지와 나의 팽팽한 신경전이 펼쳐졌다. 아버지는 역시나 말도 안 되는 고집을 부리셨다. 나는 아줌마가 아버지 때문에 힘들어하신다고, 아줌마가 안 오시면 이제 더 이상 집에 올 사람도 없는데 어떻게 하실 거냐고 아버지의 행동에 책임을 지시라고 했다. 아버지는 오늘은 절대 안 찬다고 버티셨다. 나는 다시 아줌마와 누나가 부탁했다고, 세 번째 그러시면 어떻게 할 거냐고 했는데 아버지는 여전히 꿈쩍도 안 하셨다. 아버지가 이불을 덮고 잠자리에 누우려고 하셔서 나는 이불을 저 멀찌감치 던져놓고 아버지가 기저귀를 안 차시면 나도 여기서 밤새도록 안 나가고 계속 있겠다고 했다. 그러자 아버지는 내게 나가라고 손짓하며 꿈속에서 오줌 싼 걸 가지고 내가 일을 크게 만들었다고 화를 내셨다. 나는 아버지에게 소리도 질렀다가 다시 가라앉은 목소리로 설득도 해보았지만 소용없었다. 그 와중에 문득 누나와의 전화 통화에서 들었던 말이 떠올랐다. 내가 속상해서 아버지에게 소리 지르는 심정이 누나가 속상해서 나에게 소리 지르는 심정과 같다는 것을 생각해 보라고 했다. 아마도 이때부터 내 마음이 무너져 내리기 시작했던 것 같다. 생각해 보니 아버지가 하신 말씀도 일리가 있는 것 같았다. 나는 걱정이 되어 누나와 아줌마에게 알린 것은 맞지만 내가 아버지를 더 이해하고 그냥 조용히 이 일을 넘길 수도 있지 않았을까 하는 생각도 들었다. 그런 생각이 들자 나는 마음이 좀 약해졌는지, 아버지의 고집을 역시 꺾을 수 없다고 판단을 했는지 한 걸음 물러나서 아버지에게 한 가지 제안을 했다. 앞으로 한 번 더 이런 일이 있으면 그때는 기저귀를 차기로 약속하자고 아버지에게 말씀드렸더니 아버지도 좋다고 하셔서 새끼손가락을 걸고 약속했다. 이제 아버지를 주무시게 하려고 눕혀드렸는데 갑자기 근육이 땅겨서 아프다고 하셨다. 나는 아줌마에게 그 사실을 말씀드리겠다고 얘기하고 이불을 정성스레 덮어드렸다.

그리고 나는 불현듯 내 기억으로는 지금껏 단 한 번도 자발적으로 아버지에게 보인 적이 없는 행동을 했다. 나는 갑자기 아버지를 꼭 껴안고 아버지에게 사랑한다고, 오래 사셨으면 좋겠다고 말했다. 그리고 세상에! 내가 아버지의 입과 이마에 입을 맞췄다! 그리고 아버지의 눈을 지긋이 바라보면서 다시 한번 사랑한다고 말했다. 그러자 아버지도 나에게 사랑한다고 말씀하셨다. 그때부터 내 눈에는 눈물이 맺혔고 나는 내 방으로 돌아와서 펑펑 울기 시작했다. 이건 나에게는 기적이다! 천지가 개벽할 일이고 약간 과장해서 비유하자면 로미오의 가문과 줄리엣의 가문이 서로 화해를 한 것이나 다름없다. 그런 일이 예기치 못한 순간에 나에게 닥친 것이다. 아무리 슬픈 영화를 봐도 잘 울지 않던 내가 이렇게 북받쳐서 펑펑 울었다는 것 자체도 너무 신기했다. 내가 아까 갑자기 아버지에게 왜 그런 행동을 했는지 여전히 논리적으로는 설명을 할 수가 없다. 그런데 그건 정말 진심이었다. 정말 내가 아버지에게 그렇게 하고 싶다는 마음이 들었다. 그게 너무 놀랍다. 정말 내 생애에 일어날 수 있을까 의문시되던 일이 벌어진 것이다.

아버지는 내가 이 세상에서 가장 이해할 수 없는 사람이었다. 평소에 아버지에게 노골적인 증오심을 품고 있었던 것은 아니지만 나는 어머니가 돌아가신 것에 대한 책임을 아버지에게 늘 묻지 않을 수 없었다. 그리고 그런 부분에 있어서 나는 아버지를 절대 용서할 수 없었다. 나는 어머니가 아버지로 인해 평생 고통 받으시다가 돌아가신 모습을 지켜봤었고 어머니가 돌아가신 이후 지금까지도 아버지는 어머니에게 고통을 주셨던 모습과 별반 다르지 않게 살아오셨기 때문이다.

어머니는 '폐섬유증'이라는 희소병으로 돌아가셨는데 이 병의 원인은 아직도 밝혀지지 않았으며 원인이 있다면 스트레스라고만 알려져 있다. 어머니에게 아버지가 많은 스트레스를 준 원인 중에 어제도 문제를 일으켰던 아버지의 바로 그 이상한 '고집'이 적지 않은 비중을 차지한다. 아버지의 고집은 정말 주변 사람들의 영혼을 피폐하게 만든다. 아버지는 늘 자신에게는 잘못이 없으며 자신이 옳다고만 하신다. 그런 아버지에게 모든 사람은 지쳐서 나가떨어지고 만다. 이런 아버지를 내가 용서하고 이해한다는 것은 인간의 힘으로는 불가능했다. 아버지에게 다가가는 것에는 늘 한계가 있었다. 그런데 어제 갑작스럽게 불가능의 벽이 깨졌다. 이제 나는 아버지를 난생처음 진정으로 사랑할 수 있는 마음을 갖게 되었다. 아버지를, 아버지의 그 잔인한 고집마저 사랑으로 품을 수 있게 되었다. 나는 아버지가 다시 오줌을 싸시더라도 이제 소리 지르지 말고 다정하게 대해드려야겠다는 생각마저 들었다.

어제 일어났던 그 놀라운 일 하나로 인해 올 한 해, 아니 내 인생은 가치 있게 되었다. 나는 영화의 그 어떤 명장면보다도 짜릿했던 그 순간을 영원히 기억하고 싶다. 펑펑 울면서 여러 가지 생각들이 났다. 〈매그놀리아〉(1999)에서 아버지를 증오하던 톰 크루즈가 죽어가는 아버지를 보면서 울던 모습과 어머니가 돌아가시기 얼마 전에 나를 꼭 껴안으며 나에게 사랑한다고 하셨던 모습들이 떠올랐다. 내가 흘린 눈물은 기쁨과 감사의 눈물이었다. 하나님은 나에게 그렇게 사랑을 가르쳐 주고 계셨다. 하나님은 아주 은밀하게 내 마음을 움직이고 계셨다. 어머니와 아버지도 어머니가 돌아가시기 얼마 전에 하나님의 역사로 인해 기적적으로 화해를 하셨다.

살면서 많은 상처를 가지고 있었던 나는 지금까지 마음의 문을 닫고 폐쇄적으로 살아왔다. 그렇게 살아오다 보니 어느새 나는 나밖에 모르는 이기적이고 비호감 형 인간이 되어 있었다. 내 주변에 있었던 사람들은 하나둘 떨어져 나가고 나는 외톨이가 되었다. 그런 내가 어제 스크루지 영감이 흘릴법한 눈물을 쏟고 처음으로 아버지에게 손을 내밀었다. 그 내적인 과정을 글로는 논리적으로 설명할 길이 없지만 어제의 경험을 통해 난생처음 나는 누군가를 사랑한다는 것이 어떤 것인지 느낀 것 같다. 그것은 너무나 가슴이 벅차오르고 기쁘고 아름다운 것이었다. 누군가를 사랑한다는 것, 그것이 이렇게 행복한 것인 줄 예전엔 미처 몰랐다. 이 감정이 일회적으로 그치지 않을까 하는 두려운 마음도 든다. 제발 그러지 않기를 바란다. 타인을 향해 열리기 시작한 문도 닫히지 않기를 바란다. 조금 더디 갈지라도 이제는 타인을 진정으로 사랑할 수 있을 것 같다는 생각이 든다. 어제 경험한 그 기적적인 순간은 나에게 놀라운 변화의 시작일 것이다. 아직도 잠을 못 이룰 만큼 가슴이 벅차오른다. 그 순간에 진심으로 감사하며 마지막으로 이 유명한 말을 떠올려본다.

　사랑은 모든 것을 이긴다.

어머니를 떠나보내며

〈소울〉(2020)에서 조 가드너(제이미 폭스)가 영화의 마지막 순간 크게 숨을 내쉴 때, 삶의 목표를 이루는 것보다 살아있다는 증거로 마음껏 숨을 내쉬며 소소한 일상을 즐기는 것이 삶의 진정한 의미라는 깨달음, 말하자면 '이 땅에 태어난 삶 자체로 감사하라'는 메시지를 전달받으면서 동시에 '숨'을 쉬는 것에 대한 소중함을 느끼게 해주셨던 어머니가 떠올라서 가슴이 먹먹했다.

어머니는 2008년 '폐섬유증'이라는 희소병으로 돌아가셨다. 이 병은 폐가 원인을 알 수 없는 이유로 점점 굳어져 숨을 쉴 수 없게 되고 결국 사망에 이르는 병이다. 이 병은 전 세계적으로 아직 치료 방법이 나와 있지 않다. 미국에서 수십억을 들여 폐 이식을 하더라도 5년 이상 수명이 연장되지 않는 병이다. 일례로 미국의 코미디언 제리 루이스가 이 병을 앓았고 국내에서는 [완전한 사랑]이라는 드라마에서 영애(김희애)가 이 병을 앓다가 죽는다. 국내에 전문의도 거의 없고 워낙 희소병이라 약도 보험 처리가 되지 않았다.

어머니는 24시간 인공 산소 호흡기를 단 채 생활했다. 조금만 움직여도 격렬한 운동을 한 것처럼 숨이 차서 천천히 양치질만 해도 숨을 계속 헐떡거리실 정도로 고통스러워했다. 그래서 거의 살아있는 송장처럼 움직일 수가 없고 고작 할 수 있는 건 침대에 누워있다가 옆에 있는 의자에 앉아 식사하고 약을 먹고 다시 눕는 것 정도밖에 없었다. 그리고 그런 행동도 숨이 차서 스스로는 하기가 힘들고 반드시 타인에게 도움을 받아야만 했다.

어머니는 내게 "물에 빠져서 허우적거리는 것을 상상하면 된다."라고 숨쉬기의 고통에 대해서 말씀하신 적이 있다. 나는 그 말을 들은 이후로 어머니의 고통에 대해서 생각해 보았다. 어린 시절 수영장에서 다리가 닿지 않아 허우적거리면서 물을 먹고 고통스러워했던 순간도 떠올랐다. 어머니가 매일 매일 그런 상태로 지낸다고 생각하면 너무 끔찍해서 더 이상 그 생각은 하고 싶지 않을 정도였다. 그런데 '폐섬유증'이 더 끔찍한 것은 다른 증상을 동반하기 때문이다. 쉴 새 없이 기침할 때가 많고 하루 종일 가래를 뱉어내는 게 일상이다. 입맛도 떨어지고 음식을 먹는데도 숨이 차서 거의 드시지를 못해서 차마 보고 있기가 힘들 정도로 몸이 야윌 대로 야위어 갔다. 게다가 거의 누워만 있어서 관절 관절이 안 쑤시는 곳이 없었다. 아무것도 할 수 없는 처지에서 어머니의 투병 생활을 옆에서 늘 지켜보고 있을 수밖에 없는 나는 너무 가슴이 아팠다.

어머니는 내가 늘 남들에게 자랑할 정도로 훌륭한 여성이었다. 국비 장학생으로 프랑스 유학을 다녀와 대학교수가 되었다. 병이 악화하여, 결국 마지막 한 학기 수업을 하지 못하고 정년 퇴임을 할 수밖에 없었다. 어머니는 마당발이라고 불릴 정도로 사교성이 좋아서 수많은 사회 문화계의 저명인사들과 교류했다. 내게 어머니로서 결코 완벽한 분은 아니었고 갈등도 많았지만 적어도 어머니의 사회적 지위를 보면 늘 어머니는 내게 부러움의 대상이었다. 그랬던 분이 1년도 채 되지 않은 기간 동안 초췌하고 타인을 의지하지 않고는 도저히 살아갈 수 없는 힘없는 모습으로 변해버렸다.

어머니의 자신감 넘치고 활기 찬 모습은 이제 온데간데없이 사라졌다. 활발하게 집 밖을 향하던 어머니의 몸은 집안 문턱을 넘기는커녕 방 안에 갇혀버렸다. 어머니는 그 많던 지인들을 더 이상 볼 수 없었다. 힘들어서 전화 통화도 할 수 없었다. 어머니의 병문안을 오는 사람들은 소수에 불과했다. 교수로서의 명예, 지위 등 어머니를 지탱했던 모든 것이 순식간에 의

미를 잃게된 것 같았다. 오로지 수십 년간 당연한 것으로 여기고 사셨던 '숨쉬기'만을 애타게 원하며 사는 지경에 이르고 말았다. 어머니는 순식간에 속수무책으로 '죽음'을 기다리는 외톨이가 되고 말았다. 음식을 거의 못 들고 기침과 가래, 통증으로 잠을 설치던 어머니는 결국 입원과 퇴원을 반복했다. 입원하고 나서도 잠을 설쳤고 어느 날은 하루 종일 고통을 호소했다.

그리고 고통스럽게 이렇게 외쳤다.

"제발! 나 숨 좀 쉬게 해주세요! 숨 좀 쉬게..."

세상에 부족함이 없어 보였던 어머니가 애타게 숨을 원하는 모습을 보면서 새삼스럽게 내가 지금 어머니를 바라보며 아무 고통 없이 숨을 쉰다는 것이 너무 괴로웠다. 어머니는 위독하고 나는 여전히 많은 고통 속에 있지만, 숨을 쉬고 있다는 당연한 사실이 슬픔을 자아낼 줄은 이전엔 몰랐다.

며칠 후에 어머니는 돌아가셨다. 그런데 어머니의 임종을 지키던 날 병원 창밖을 보면서 너무 아름다운 순간과 마주했다. 어머니가 진통제를 맞고 잠들었을 때 창밖을 내다보았는데 한강에 비치는 햇살, 강물이 흘러가는 잔물결, 다리 위의 차량들, 교차하여 지나가는 지하철, 구름 속에서 얼굴을 비쳤다가 사라졌다가 하는 태양, 이 모든 풍경이 너무나 아름다워서 어머니가 병상에서 과연 이 아름다운 풍경을 보고 계셨을까 하는 생각이 들면서 하염없이 눈물이 흘렀다. 그 눈물과 함께 오즈 야스지로의 〈동경 이야기〉의 오노미치 항구의 빈 풍경과 허우 샤오시엔의 〈비정성시〉(1989), 〈카페 뤼미에르〉(2003)의 기차나 전동차가 지나가는 장면, 나루세 미키오의 〈흐르다〉 그리고 타르코프스키가 영화를 시작한 계기가 되었다는 물의 흐름까지 모두 한꺼번에 이해되었다. 그 풍경들 하나하나가 온전한 시였다.

〈소울〉에서 아름다운 일상의 이미지들을 마주하고 '범사에 감사하라'는 성경 말씀을 다시 되새긴다. 〈소울〉만큼 이것을 설득력 있게 보여준 영화가 이전에는 없었던 것 같다. 그래서 아직 〈소울〉을 보지 못한 분들에게 이 영화를 꼭 보라고 말해주고 싶다. 특히 어려운 상황이나 환경에 놓인 분들이라면 이 영화로부터 큰 위로를 받고 다시 살아갈 힘을 얻을지도 모를 일이다. 〈소울〉은 앞으로의 삶이 어떻게 흘러가든지 삶은 그 자체로 아름다운 거라고 우리에게 말하고 있다. 삶 속에서 어떤 일이 닥쳐도 햇빛의 아름다움은 절대 사라지지 않을 테니, 공기도.

안녕, 나의 집

2016년 11월 13일 결국 아버지와 함께 8년간 살았던 정든 집을 떠나게 되었다. 그런데 새로 옮겨 갈 오피스텔 입주 날짜는 며칠 남았고 이사 들어오는 날짜는 15일이었기에 나에게는 15일 오전까지 이 집에 있을 시간이 추가로 주어졌다. 예전 같았으면 굳이 텅 빈 집에 이틀 동안 불편한 상태로 남아 있으려고 하지 않았을 테지만 이번에는 달랐다. 나는 도저히 이 집을 떠날 수가 없었다. 텅 빈 집을 바라보고 있자니 나의 몸 일부분이 뻥 뚫린 것 같았고 식욕도 사라졌다. 이 집에서 마지막으로 지낼 수 있는 시간 동안 뭔가 의미 있는 행동을 해야 한다는 강박관념에 사로잡혔다. 나는 외할머니를 부모님보다 더 사랑했었고 부모님 두 분 중에는 아버지보다 어머니를 더 사랑했었다. 말하자면 돌아가신 세 분 중에 아버지와의 친밀도가 가장 떨어졌던 게 사실이다. 그리고 기억을 더듬어보니 외할머니와 어머니가 돌아가신 후 금곡동 아파트에서 지금 이곳, 서현동 아파트로 이사를 올 때도 이사 전에 살던 공간을 떠나는 것이 이렇게 힘들지 않았었다. 그래서 나는 더욱더 이 상황이 이해가 가지 않았다. 이 고통의 이유에 관한 한 가지 단서가 있다면 그것은 35년 이상 가로막혀 있었던 아버지와 나 사이의 벽이 기적적으로 무너져서 화해했던 공간이라는 것밖에 없는 것 같았다.

 밖에 내놓은 가구와 냉장고 등의 물건을 수거해가는 아저씨의 모습을 지켜보았다. 그때도 역시 그냥 그 모습을 지켜보고 있을 수가 없어서 짐 싸는 과정을 사진으로 몇 장 찍다가 그걸로도 만족하지 못해서 급기야 휴대전화 동영상으로 촬영했다. 짐을 싣고 떠나는 트럭의 뒷모습을 촬영하는 도중에 영상이 끊기고 말았다. 내가 생각한 만큼 트럭이 내 시야로부터 멀리 사라지는 모습이 오래 찍히지 않게 된 것이 너무 속상해서 중간에 끊긴 동영상을 몇 번이고 돌려봤다. 화면에서 나와 함께 했던 물건들이 사라지는 모습을 끝까지 볼 수 없었다는 게 뭐가 그리 아쉬웠던 걸까. 집으로 들어온 후에도 여전히 아쉬운 감정은 사라지지 않았고 이 감정을 잠재우기 위해 무얼 하면 될까 고민하게 되었다. 빈집 안 곳곳을 동영상으로 촬영해서 기록으로 남겨야겠다는 생각이 들었고 촬영을 위해 캠코더를 충전하다가 괴로운 마음에 정신적인 에너지의 소모가 컸던지 나도 모르게 잠이 들고 말았다.

아침, 잠에서 깨어났는데, 마지막 밤은 밤새 집 안에서 뭔가 하고 싶었던 나는 잠을 잔 게 후회가 되었다. 원래 계획은 그날 저녁에는 이 집을 나갈 생각이었다. 그런데 잠을 잔 게 속상하기도 했고 도무지 그날 떠나고 싶다는 생각이 들지 않았다. 나는 할 수만 있다면 최대한 이 공간에 머물러있기를 원하고 있었다. 뭔가 괴로운 마음에 이 집에서 일몰의 순간과 일출의 순간을 찍기로 했다. 왜 그런 생각을 하게 되었는지는 나도 잘 모르겠다. 나는 그때 내 감정을 추스르는 방향으로 행동했다는 것만은 분명했다.

사실 양가적인 마음을 함께 갖고 있었다. 한 편으로는 주어진 마지막 시간 동안 이 집에 머물고 싶었던 반면 한 편으로는 이 집에서 뛰쳐나가고 싶었다. 마음을 가다듬고 할 일은 하고 이 집을 떠나기로 했다. 일단 집 밖에 내놓았던 수백 개의 비디오테이프를 용달차로 지인의 문화 공간으로 옮겨놓는 것이 계획 중의 하나였다. 요양 보호사 아줌마가 혼자 지내는 게 적적할까 봐 선물해 주셨던 토끼 인형 '유미'도 그곳으로 옮겨놔야 하는 상황이었다. 나는 이 집에 있던 물건은 단 한 가지도 버리고 싶지 않았다. 이사 갈 오피스텔이 아버지와 살던 집보다 평수가 훨씬 작아진 관계로 많은 짐들을 처분해야 하는 상황이 되었는데 다행스럽게도 비디오테이프는 지인의 문화 공간으로 옮겨놓기로 했다. 내가 오피스텔로 그 짐을 옮겨놓지 못하면 기증할 생각으로 맡겨놓기로 했다.

벌써 바깥은 어두워지기 시작했다. 일몰 시각에 관한 판단이 늦어서 이미 내가 찍고 싶었던 시간대는 지나가 버린 상태였다. 부랴부랴 삼각대에 카메라를 고정하고 화면 구도를 잡았다. 거실 마루와 베란다가 함께 잡히도록 앵글을 고정하고 녹화 버튼을 눌렀다. 실내는 점점 어두워지고 있었다. 8년간 살면서 이런 행동을 해본 적이 한 번도 없었기 때문에 이런 상황이 좀 낯설게 느껴졌다. 좀 신비롭게 느껴지기까지 했다. 하긴 그날이 아니었다면 이렇게 텅 빈 곳에서 실내를 촬영하는 것 자체가 불가능하기는 했을 것이다. 주변은 완전히 어둠속에 잠겼고 내 눈앞으로는 외부 조명이나 반사로 인해 약간의 빛만 보이는 상황이 되었다. 그렇게 주변이 어둠에 잠기자 유난히 주변 소리가 잘 들려오기 시작했다. 엘리베이터 소리, 주민들의 목소리, 주변 소음, 시계가 똑딱거리는 소리, 창밖에서 자동차들이 지나다니는 소리. 이렇게 주변의 소리를 또렷하게 들을 수 있었던 것도 8년 만에 처음 있는 일이었다. 주변이 어둡고 소리만 들려오는 상황이 뭔가 영화적이라고 느껴서였는지는 몰라도 실내에서 일몰을 촬영하면서 나는 문득 내가 정말 좋아하고 존경하는 허우 샤오시엔 감독의 일화를 떠올리게 되었다.

허우 샤오시엔 감독은 마스터 클래스에서 어린 시절 망고 열매 서리를 하러 나무 위로 올랐다가 어른들이 나타나자 들

키면 혼날까 봐 나무에서 내려오지 못하고 한참 동안 그곳에 머물렀던 시간을 얘기한 적이 있다. 그렇게 나무 위에서 허우 샤오시엔 감독은 나무를 흔드는 바람이나 나무 위를 비추는 빛을 느끼고 주변에서 들리는 소리를 들으면서 흘러가는 시간을 경험한 적이 있는데 그 경험이 본인에게 있어서 영화의 원체험에 가까웠고 그때의 체험이 영화를 만드는 데 큰 영향을 미친 것 같다고 했다. 내가 그때 빈집에서 일몰을 오랫동안 촬영하면서 허우 샤오시엔 감독을 떠올렸던 것은 그날 내가 경험했던 것이 바로 허우 샤오시엔 감독이 나무 위에서 경험했던 것과 유사한 게 아니었을까 하는 생각이 들어서였던 것 같다.

편하게 자세를 취하고 바닥에 앉았지만, 시간이 지날수록 몸을 움직일 수 없어 점점 힘들어지기 시작했다. 나는 일몰이 될 때 주변이 완전히 캄캄해질 걸로 예상을 했었는데 내가 예상한 것보다는 밖에서 여전히 약간의 빛이 들어오고 있어서 녹화를 멈출 수가 없었다. 배터리가 1% 정도밖에 안 남았다고 화면에 뜨는 데에도 불구하고 카메라는 오랫동안 꺼질 생각을 안 하고 있었다. 평소 같으면 그냥 녹화를 중지했겠지만 단 1초라도 이 집 안을 더 찍어놓고 싶다는 마음을 도저히 버릴 수가 없어서 계속 참고 기다릴 수밖에 없었다. 더는 숨이 막혀서 못 참겠다는 마음이 드는 찰나에 결국 카메라 전원이

꺼졌다. 대충 1시간 정도 지나지 않았을까 하는 마음으로 휴대전화 전원을 켰는데 2시간 정도가 지나있었다. 급하게 준비해서 비디오테이프, 토끼 인형 등의 물건들을 무사히 문화 공간에 옮겨놓고 집으로 돌아왔다. 이제 이 집에서 머무를 수 있는 마지막 날인 내일 새벽 처음이자 마지막으로 일출의 순간을 찍어야 했는데 혹시라도 일출의 순간을 놓칠까 싶어서 밤을 꼴딱 새우기로 했다. 일출을 찍은 다음에는 이 집에서 나가기 직전까지 실내를 나눠서 동영상과 스틸로 촬영하기로 계획을 세웠다.

드디어 새벽이 되었고 그날 일출 시각을 검색해서 만반의 준비를 했으나 배터리를 충전해서 일출 이외의 장면들까지 촬영할 것들을 고려해야 하는 상황이었고 그렇다면 배터리 소모 문제로 계속 일출만 찍고 있을 수는 없었다. 어느 정도만 일출을 찍어야 하나 고민하는 사이에 또다시 주변이 밝아오기 시작했다. 캠코더가 두 대가 있었으면 혹은 여분의 배터리가 있었으면 일출을 제대로 찍을 수 있었을 텐데 몹시 아쉬운 마음이 들었다. 주변이 밝아오기 시작했기에 일단 녹화 버튼을 누를 수밖에 없었다. 일몰 때와 마찬가지로 8년 만에 집 안에서 처음 일출의 순간을 볼 수 있었다. 확실히 주변이 점점 어두워지는 것보다는 주변이 점점 밝아지는 것이 더 따뜻한 느낌이 들었다. 일출 장면은 다음 촬영 문제로 마냥 찍고 있을 수만은 없어서 어느 시점에서 끝내야만 했다. 실내 공간을 나눠서 찍기 전에 롱테이크로 집 전체를 찍어야겠다는 생각에 현관문 밖으로 나와서 현관문부터 시작해서 문을 열고 들어와서 한 번에 다 찍을 수 있는 동선으로 움직이면서 실내 전체를 촬영했다.

실내 전체를 찍고 나니 이제 정오까지 시간도 얼마 남지 않아서 마음은 점점 급해졌다. 이어서 머리를 굴려 가면서 공간을 어떻게 나눠서 찍을지에 대해 생각했고 바로바로 삼각대를 세우고 실내를 찍어 나갔다. 거실, 안방, 화장실, 내 방, 부엌 등을 괜찮다고 판단한 화면 구도로 각 공간당 한두 컷씩 정성껏 촬영했다. 안방을 촬영하려고 하는데 지금은 텅 비어 있지만 아버지와 화해했던 침대가 놓여있던 자리가 특별하게 다가왔다. 그래서 안방 전체를 찍고 그 자리만 클로즈업해서 다시 찍었다. 일몰, 일출, 공간 분할 촬영까지 모두 즉흥적으로 결정했다.

이 집에 머물 수 있는 마지막 시간이 흐르는 가운데 서둘러 촬영하면서 가장 많이 떠오른 감독은 내가 정말 좋아하는 감독 중의 한 명인 차이밍량이었다. 차이밍량은 공간 미학의 거장이 아니던가. 물론 차이밍량은 미켈란젤로 안토니오니의 후계자라고 할 만하고 차이밍량 이전에 안토니오니가 있었지만, 그날은 유난히 차이밍량이 많이 떠올랐다. 〈애정만세〉

(1994), 〈안녕, 용문객잔〉에서 〈떠돌이 개〉(2013)까지 그의 걸작들이 떠오르면서 그가 공간감을 만들어내는 능력은 역시 탁월하다는 생각이 새삼 들었다. 내가 실제로 빈 공간을 촬영하는 경험을 해보니 공간감을 느낄 수 있고 효과적으로 공간의 형상을 파악할 수 있도록 촬영하는 일이 꽤 어렵다는 것을 느꼈기 때문이다. 그리고 이 공간이 도대체 뭐라고 이 공간과의 이별을 이렇게나 아쉬워하면서 이 미친 짓을 하는 나를 보면서 영화 속에서 공간의 삶과 죽음이라고 할 만한 것들을 보여줬던 차이밍량이 떠오를 수밖에 없었다. 나에게 있어서 그 순간 공간은 슬픔을 담보하고 있지 않았는가. 이와 유사하게 차이밍량의 공간에는 항상 고독과 슬픔이 내재해 있었던 것 같다. 공간을 그렇게 생생하게 느껴본 건 이때가 처음이었다. 집안의 각 공간을 촬영하고 마지막으로 셀카 동영상을 찍었다. 카메라를 보면서 즉흥적으로 떠오르는 말을 내뱉었다. 역시 아버지와 화해한 공간이라는 애틋한 내용이 저절로 나왔고 이 공간에 대한 감사의 마음을 전한 후 마지막으로 "안녕, 나의 집"이라고 말하며 촬영을 마쳤다.

시간은 이제 거의 12시가 다 되어가고 있었다. 그런데 여전히 만족이 안 되어서 아이폰으로 각 공간에 대한 스틸 사진을 다시 찍고 셀카도 다시 찍었다. 그러는 사이에 결국 12시가 넘고 말았다. 노트북, 캠코더, 삼각대 등 약간의 짐을 싸고 주변을 정리하고 이제 몸만 밖으로 나가면 되는 상황에도 불구하고 쉽게 발걸음이 떨어지지 않았다. 그러나 이제는 정말 나가야 했다. 언제 현관문이 열리고 이삿짐이 들어올지 모르는 상황이었기 때문이다. 나는 마음속으로 계속 '이제 나가야 해. 제발 나가자. 제발' 이렇게 되뇌며 발을 현관 쪽으로 움직이려고 무진장 애썼다. 그랬다가 다시 한번 집안 여기저기를 한 번씩 쳐다보고 눈 속에 담아 오려고 안쪽으로 다시 들어갔다. 그렇게 하고 나서 정말 굳게 마음을 먹고 짐을 들고 현관문을 열려고 하는데 마지막으로 지금 서 있는 자리에서 안쪽 공간이 보이는 사진 한 장만 찍고 싶다는 마음이 들었다. 그래서 그것까지는 자신에게 허락하기로 하고 사진을 찍었다. 그리고 마지막으로 이 공간을 눈으로 담으면서 현관문을 열고 드디어 겨우 밖으로 나왔다. 그런데 현관문을 나오고 나서 현관문을 뒷배경으로 셀카 한 장을 꼭 남기고 싶다는 마음에 또다시 사진을 한 장 찍었다. 그리고 찍은 사진을 한번 살펴보았다. 나의 표정에 나의 감정이 그대로 드러나 있었다. 애써 웃음 짓고 있지만 그 밑으로는 매우 아쉬워하고 슬퍼하는 모습이 은근하게 깔려 있었다.

엘리베이터를 타고 1층에 도착했는데 마침 이삿짐이 들어오고 있는 게 보였다. 내가 살던 집으로 들어갈 이삿짐이었다. 이제 누나를 만나서 같이 이 집을 떠나는 일만 남아 있었

는데 누나에게 전화했더니 집에 다시 올라가서 버리려고 놔
둔 물건을 다시 가지고 나오라고 했다. 겨우 집에서 나와서 마
음을 추스르는 중인데 그곳을 다시 들어가야 하는 상황이 되
니까 괴로웠다. 들어가면 나오는 게 힘들 걸 뻔히 예상했기 때
문이다. 하지만 다시 안 들어갈 수도 없는 상황이라서 마음을
굳게 먹고 다시 살던 집으로 들어갔다. 물건만 챙겨 바로 나오
려고 했으나 다시 한번 아쉬운 마음이 생겨서 실내의 각 공간
을 다시 눈 속에 간절한 마음으로 담고 사진을 찍었다. 그리
고 현관문을 나서는데 드디어 내가 살던 집으로 이삿짐이 들
어오기 시작했다. 이제 정말 주인이 바뀐 것이다. 엘리베이터
앞에서 열린 현관문을 통해 내가 살던 집 안으로 이삿짐이 들
어가는 모습을 사진으로 찍었다. 그리고 마지막으로 아파트
경비실 입구에서 아파트를 배경으로 사진 몇 장을 더 찍고 누
나의 차로 8년간 정들었던 집을 마침내 떠났다. 차 안에서도
내가 살던 집으로부터 점점 멀어지는 마지막 풍경을 아이폰
동영상에 담으며 삼 일간의 미친 가슴앓이는 마침내 마침표
를 찍었다.

그때가 지금은 먼 과거처럼 느껴질 정도로 아늑하다. 슬픔
은 이렇게 잊히기에 다행히 살아갈 수 있나 보다. 이사 직전에
일부 촬영했던 아버지를 기리는 단편과 일몰, 일출 영상은 아
직 손도 못 대고 있다.

'그는 지나간 날들을 기억한다. 먼지 낀 창틀을 통해서 과거를 볼 수 있겠지만 모든 것이 희미하게만 보였다.'

-〈화양연화〉 중에서

어머니의 16mm 필름

올해도 어머니 산소에 못 갔다. 나는 어머니가 살아 계실 때 늘 어머니 자랑을 했다. 돌아가신 후에도 그랬다. 늘 그럴 자격이 있는 훌륭한 분이라고 생각했다. 그런데 정작 어머니를 기쁘시게 해드린 적은 별로 없었다. 영화에 미치기 시작한 이후로 더욱 그랬다.

어머니와는 영화 보러 다니는 문제로 수도 없이 다퉜다. 밥도 제대로 안 챙겨 먹고 나가서 하루에 세 편씩 영화만 보고 있었으니 어머니 쪽에서는 그럴 만도 하셨다. 그때는 영화를 운명이라고 생각했는지 꼭 그래야만 할 것 같았고 어머니의 걱정은 눈에 잘 들어오지 않았다. 영화를 볼 때만큼 행복한 일이 없어서 그랬는지 병적으로 집착하는 부분도 있었던 것 같다. 어머니가 이렇게 빨리 돌아가실 줄 알았다면 그러지 않았어야 했다. 지금 당장 영화 보기를 중단할 수는 있겠지만 그렇다고 죽은 사람이 다시 살아 돌아오지는 않는다. 그래서 나는

'영화가 어머니를 죽였다'는 과격한 표현도 쓰곤 한다. 영화와 관련해서 나 같은 사연을 가진 사람이 과연 있을까.

어머니가 앓으셨던 불치병의 원인은 아직 밝혀진 적이 없고 다만 스트레스가 원인이 될 수 있다는 정도로만 알려져 있다. 영화에 미친 나 때문에 어머니가 얼마나 스트레스를 많이 받으셨을까. 그렇게 생각하면 나는 죄의식을 갖지 않을 수 없다. 영화가 없었다면 어머니와 더 행복한 시간을 보낼 수 있었을 텐데 그렇지 못했던 게 너무 후회되고 슬프다. 그렇게 영화에 미쳐서 뭔가가 되었다면 하늘에 계신 어머니 앞에 그나마 당당하게 설 수 있었을 텐데 나는 아무것도 아니다. 그냥 대책 없이 혼자 영화에 미쳐있었던 사람일 뿐이다. 그 이상도 그 이하도 아니다. 나는 실질적으로 영화와 아무런 관련도 없는 사람이다. 내가 영화와 관련이 있어 보이려고 코스프레를 하고 있을 뿐이다. 그냥 속이 비어 있는 게 들킬까 두려워 괜히 멋진 문장을 쓰려고 흉내 내고 있을 뿐이다. 어머니는 이제 내 옆에 계시지 않는데 내가 아무것도 아니라는 게 너무 슬프다.
물론, 이건 다 내 잘못이다.

오토 프레밍거의 〈슬픔이여 안녕〉(1958)의 세실(진 세버그)이 떠오른다. 세실도 그런 비극적인 사건이 벌어질 걸로는 생각하지 못했을 것이다. 한때의 치기, 열정이 그녀를 망쳤다.

나도 그랬던 것 같다. 그러나 이제 그때로 돌아가서 다시 바로 잡을 수는 없다. 내 눈앞에 보이는 온갖 DVD와 영화 관련 도서들은 도대체 무엇이란 말인가. 영화란 과연 나에게 무엇일까. 누군가 그런 말을 했다. 영화를 사랑하기 전에 먼저 영화가 자기를 사랑하는지 물어보라고.

그 질문을 나는 진작 해야 했었다. 나는 영화를 짝사랑한 것이 분명하다. 시간이 갈수록 점점 더 분명해지고 있다. 사랑한 방식도 너무 잘못되었다. 밀고 당기는 것도 하지 않고 너무 어리석게 사랑했다. 나를 거들떠보지도 않는 대상에게 제발 나를 알아달라고 혼자 애걸복걸했다. 그러고 있다가 정작 내 옆에 계시던 소중한 어머니는 잃고 말았다. 그런데도 나는 여전히 미친놈처럼 영화에게 애걸복걸하고 있다.

내 주변 사람들도 나에게 말한다. 이제, 그만 영화를 놓아주라고. 나도 영화를 놓아주어야 할 때가 됐다고 생각한다. 그런데 그게 쉽지 않다. 어머니에 대한 죄의식 때문이라고 변명하고 싶은 걸까. 참 실속은 없었지만, 지금까지 영화 때문에 내가 쏟아부은 시간이 얼마인데 라는 보상심리가 작동하는 걸까. 모르겠다. 마음이 복잡하다. 어머니에 대한 다큐라도 잘 만들어서 어머니에게 바치고 싶었는데 그럴 가능성은 없어 보인다. 이렇게 될 줄 알았다면 진작에 단념하고 영화를 떠날 걸 그랬다.

남들처럼 그냥 적당히 거리를 두고 가끔 생각나면 쳐다보는 정도로만 해도 좋았을 텐데 말이다. 내가 영화를 떠나도 영화에는 아무런 영향도 미치지 않을 것이다. 영화, 그놈은 나를 향해 한번 1초라도 뒤돌아보지 않을 것이다. 나는 영화에게 아무것도 아니었다. 나는 그런 존재였다. 그래서 그게 너무 후회되고 슬프다. 혼자 환상 속에 너무 오랫동안 빠져있다가 그걸 너무나 늦게 알아버렸다는 게 슬프다. 애증의 대상이 된 이 애물단지 영화를 도대체 어떻게 해야 할까.

이러지도 저러지도 못하고 있다.

얼마 전, 집에 어머니 결혼식을 찍은 16mm 필름이 있다는 사실을 알게 되었다. 깜짝 놀랐다. 당시에는 결혼식을 16mm 카메라로 촬영도 했었나 보다. 필름을 빛에 비추어 살펴보았다. 어머니가 웨딩드레스를 입고 수줍게 의자에 앉아계신 모습이 보였다. 어머니는 카메라를 쳐다보고 계셨다. 정확하게 알 수는 없지만 어머니는 뭔가 설레는 마음으로 카메라를 지긋이 바라보면서 수줍게 웃고 계셨다. 어머니의 미소가 그립다. 어머니는 웃는 모습이 참 이쁘셨다. 어머니의 임종을 지켜봤었는데 그 순간 어머니의 얼굴을 잊을 수 없다. 생전에는 단 한 번도 볼 수 없었던 '천상의 미소'를 짓고 계셨다. 나는 그때 천국이 있다는 것을 확신하게 되었다. 앞으로 회한을 안은 채 영화와 전혀 상관없이 지내게 될지도 모르겠다. 그런데 16mm 필름이 발견됨으로써 나에게는 여전히 생전에 영화와 관련되어 꼭 해야 하는 일이 생기고 말았다. 나는 반드시 죽기 전에 16mm 영사기를 구해서 어머니의 결혼식을 보고 싶다. 반드시 보고야 말 거다. 극장에서 결혼식을 보게 된다면 온갖 감정에 사로잡혀 울 것 같다. 어머니는 나를 보면서 미소를 지으실 거다. 그때는 꼭 어머니에게 미소로 화답하고 싶다.

여름날의 저녁 열 시 반

마리끌레르 영화제에서 〈스톰 인사이드〉(2015)라는 영화를 발견하고 그 영화의 원작이 마르그리트 뒤라스의 『여름날의 저녁 열 시 반』이라는 사실을 알고 눈시울이 뜨거워졌다. 곧바로 돌아가신 어머니가 떠올랐기 때문이다. 『여름날의 저녁 열 시 반』은 어머니가 번역한 소설이다.

이 소설이 존재한다는 것 자체를 어머니가 살아 계실 때는 전혀 몰랐다. 어머니가 돌아가시고 난 후에 있었던 일이다. 고모 집에서 명절을 보내던 나는 정말 우연하게도 책장에 꽂혀있던 소설책 한 권을 발견했다. 나는 그 책을 살펴보다가 '박00 역'이라는 부분을 보고 깜짝 놀라지 않을 수 없었다. 바로 내 어머니의 이름이었다. 동명이인인가 싶기도 했는데 책의 뒤쪽에 아주대 교수라고 쓰인 것을 보고 이 소설의 번역자가 어머니인 것을 알았다. 울컥하는 마음을 진정시키고 나는 그 책을 가지고 집으로 돌아와 이내 다 읽었다. 쫓기고 있는 살인범과 한 여성의 내밀한 심리 묘사가 어우러지는 작품이었다. 서사의 전개보다는 무드가 중심에 있었다. 다소 관능적인 묘사의 부분도 인상적이었다. 이 책은 중앙일보사에서 출간한《오늘의 세계문학》시리즈 중 12번째 권이었다. 이 책에는 쥘리앙 그린의 『미친 사랑의 노래』가 함께 실렸는데 번역자는 어머니를 통해 나도 잘 아는 교수님이었다. 책에는 어머니가 마르그리트 뒤라스의 작품 세계에 관해 쓰신 글도 실려 있었다.

나는 그 글을 읽으며 감격할 수밖에 없었는데 내 기억으로 어머니 생전에 어머니가 쓰신 글을 한 번도 읽어본 적이 없었기 때문이다. 도대체 나는 왜 어머니의 글을 한 번도 읽어본 적이 없었을까. 어머니가 늘 누우셔서 책을 읽으시던 모습이 기억난다. 어머니는 책을 읽으시다가 졸리면 스탠드의 불을 끄고 주무시곤 하셨다. 어머니와 함께 재미있게 보았던 MBC 드라마 중에 김원일 원작의 [마당 깊은 집](1990)이 있었는데 그 원작 소설이 집에 있었음에도 나는 한 번도 읽지 않았다. 내가 평소 영화에만 미쳐서 책을 가까이하지 않았기 때문에 어머니의 글을 읽을 생각을 못 했던 것은 아닐까. 플로베르에 관한 어머니의 석사 논문도 어머니가 돌아가신 뒤에야 발견하게 되었다. 어머니가 번역하신 『여름날의 저녁 열 시 반』은 집에 없었다. 고모 집에 있던 책이 원래 어머니가 가지고 계시던 거였을까. 고모에게 물어보지는 않았고 그 책이 집에 없었던 이유에 대해서 아직도 알지 못한다.

어머니가 돌아가시고 난 뒤에야 어머니가 번역한 책이 있었다는 것을 알다니 이 무슨 영화 같은 일이란 말인가. 이런 이야기를 영화 속에서 많이 보지 않았던가. 내가 마치 영화 속의 주인공이 된 기분이 든다. 어머니가 뒤라스를 좋아했다는 사실에도 놀라지 않을 수 없었다. 평소에 보았던 어머니를 떠올려보면 어머니가 뒤라스를 좋아했을 것이라는 생각이 들지 않기 때문이다. 《오늘의 세계문학》 12권의 앞쪽에는 뒤라스와 관련된 사진들이 실려있었는데 뒤라스가 연출한 〈인디아송〉(1975), 〈나탈리 그랑제〉(1972)를 비롯한 영화들과 관련된 것도 있었다. 〈인디아 송〉은 내가 뒤라스를 좋아하게 된 결정적인 계기가 된 작품이어서 더 친숙하게 다가왔다. 지금도 흥얼거릴 수 있는 주제곡의 그 멜로디, 델핀 세리그의 우아한 자태, 시종일관 관능적인 그 무드… 처음에는 잘 알지 못했으나 몇 년 전에 이 영화를 다시 봤을 때 감각의 측면에서 아피찻퐁 위라세타쿤 같은 감독의 미학을 선취한 대단한 작품이라는 생각이 들었다. 이런 관능적인 작가를 어머니가 좋아하셨다니 나에게는 솔직히 정말 충격이었다.

나는 어머니에 대해서 무엇을 알고 있었던 것일까. 후회가 파도처럼 밀려온다. 어머니가 살아 계셨을 때 왜 어머니와 문학에 대해서 진지한 대화를 한번 할 수 없었을까. 대화를 나누다가 보면 자연스럽게 뒤라스에 관한 이야기가 나올 수도 있었을 것이고 그럼 『여름날의 저녁 열 시 반』에 대해서도 알게 되지 않았을까. 영화를 좋아하셨던 어머니와 영화 이야기도 즐겁게 나눌 수 있지 않았을까. 어머니는 왜 나에게 그 책의 존재에 대해서 아무 말씀도 하지 않으셨을까. 영화를 좀 덜 보더라도 어머니와 대화를 더 많이 나누고 어머니와 함께 많은 시간을 보내야 했었는데 너무 후회스럽고 아쉽기만 하다. 영화가 나에게 별로 해주는 것도 없고 애증의 대상이자 애물단지로 전락한 현재를 살아가고 있기에 더욱더 그렇다. 책을 발견하고 더 가슴에 사무치는 것은 내가 알기로 현재까지 어머니의 번역본이 국내에는 유일하기 때문이다. 우연히 발견된 한 권의 소설은 그렇게 소중한 책이었다.

어머니는 매일 영화만 보러 다니는 아들을 늘 걱정하셨다. 영화 보러 다니는 것 때문에 어머니와 참 많이도 싸웠다. 어머니와 나 사이에 그렇게 영화가 있었다. 이탈리아의 거장 루키노 비스콘티에 관한 다큐에서 비스콘티는 평생 어머니를 잊지 못했다는 내용이 나오는데 나도 평생 어머니와의 기억에서 벗어날 수 없을 것 같다. 나는 어머니에 대한 다큐를 꼭 만들고 싶다. 소르본 대학교에 가서 어머니의 재학 기록도 찾아보고 싶고 어머니가 제2의 고향으로 생각할 정도로 좋아하셨던 프랑스 파리에 가서 어머니가 걸어 다니셨을 거리와 풍경들을 찍고 싶다. 그리고 그 다큐의 마지막을 16mm로 촬영된 어머니 결혼식 장면으로 끝마치고 싶다. 어머니에 대한 다큐를 만들 수 있도록 응원해 주시기를. 반드시 이루리라.

902호에 살았던 내가
1002호에 살았던 은희에게
영화 〈벌새〉가 내 인생을 기적적으로 바꾼 사연

나는 2019년 2월 27일에 인디스페이스에서 김보라의 〈벌새〉를 처음 봤다. 그리고 2025년이 된 지금도 이 영화에서 헤어나오지 못하고 있다. 〈벌새〉가 내 과거의 어떤 것을 분명히 건드렸고 그것이 이 영화에 대한 집착으로 설명될 수 있겠지만, 이건 논리적으로는 설명 불가하다.

미리 말을 하자면 이 글은 내가 〈벌새〉에 바치는 헌사이자 내 개인사와 관련된 지극히 사적인 글이다. 이 영화가 내 마음을 움직였고 오랫동안 간직하던 가슴 속 이야기를 이제 고민 끝에 글로 옮긴다.

나에게 있어 〈벌새〉가 한국 영화 중 놀라운 장편 데뷔작이며 인생 영화 중 한 편이고 지금까지 가장 많이 본 한국영화라는 사실은 이 영화가 내 개인사와 관련되어서 안겨준 파장에 비하면 부차적이다. 그러니까 이 영화의 영화적 완성도나 홀

룽함 때문에 이 영화가 나에게 특별한 작품으로 다가온 것만은 아니라는 말이다. 〈벌새〉가 나의 어떤 것을 건드리지 않았다면 내가 이런 글을 쓸 일은 없었을 것이고 이 영화에 이렇게까지 빠지지 않았을 것이다.

물론 이 영화가 나의 기억을 거침없이 소환한 데에는 〈벌새〉가 1994년을 생생하게 체험할 수 있을 정도의 빼어난 완성도를 지닌 작품이었던 것이 중요하게 작용했을 거라는 사실을 부인할 수는 없다. 그런데 왜 이 영화가 이다지도 나를 흔들어 놓았는지 도무지 이해할 수 없고 설명할 수 없는 측면도 있다. 그냥 오리지널 〈벌새〉가 있고 그것과는 별개로 내 버전의 〈벌새〉가 존재하는 것은 아닌가 하는 생각마저 든다.

이 글은 내가 지금까지 썼던 그 어떤 글보다 힘든 과정을 거쳐서 쓰게 됐고 아마 앞으로도 이 글보다 더 쓰기 힘든 글을 쓰는 일은 없을 것 같다. 한 영화가 이렇게 관객 스스로 내면의 이야기를 공개적으로 쓰고 싶게 만든 경우는 극히 드물 것이다. 따라서 이 글 자체가 일종의 영화와 관객과의 관계에 대한 하나의 사례 연구(?)로서 받아들여졌으면 하는 바람도 있었다. 이 글을 쓰는 과정을 통해 내가 〈벌새〉에 완전히 사로잡히게 된 이유에 대해서 내 나름대로 정리해보는 기회도 될 수 있었으면 좋겠다.

이제 〈벌새〉를 처음 봤던 2019년 2월 27일 인디스페이스 현장으로 돌아가 보자. 놀랍게도 〈벌새〉는 첫 쇼트부터 나를 사로잡았다. 902호. 은희(박지후)가 잘못 찾아간 집의 호수가 902호였는데 만약 은희가 그 집으로 들어갔다면 어쩌면 나는 그 자리에서 영화를 더 보지 못하고 나갔을지도 모른다. 902호는 내가 가장 오래 살았던 아파트의 호수였기 때문이다. 902호는 우리 집이었다. 화면에 '902'라는 호수가 보이는 순간 나도 모르게 '헉'하고 말았다. 나에게는 902호와 관련된 아픈 기억이 가장 많았기 때문에 902호는 내가 과거로 들어가는 통로와 같은 곳이었다. 다행히 은희는 한 계단을 올라가 1002호로 들어갔다. 은희가 1002호로 들어갔기 때문에 나는 약간의 거리를 두고 영화를 볼 수 있었다. 하지만 이미 '902'라는 숫자가 나에게 뚜렷하게 각인되었기 때문에 나는 자연스럽게 첫 쇼트부터 과거로의 여행을 시작하게 되었다. 이러한 강렬한 오프닝 때문에 과거가 소환되기 시작했고 그로 인해 나는 이 영화와 거리를 두고 관람하는 것이 점점 불가능해졌다.

〈벌새〉를 보는 동안 두서없이 내 과거의 기억들이 생생하게 떠오르기 시작했다. 먼저 1994년은 〈벌새〉의 이야기가 펼쳐지는 시간적 배경이다. 그런데 그 해 나에게는 내 인생을 바꾼 큰 사건이 있었다. 은희가 중2였던 그해에 나는 고3이었다. 서문에도 밝혔듯 신앙적 고민으로 자살 충동에 이르렀던 일로 인해 나는 큰 충격을 받았고 내 삶은 1994년 이전과 이후로 나뉜다. 그때 그 사건이 없었다면 내가 이렇게 영화에 미쳐 살아가는 일은 없었을지도 모르며 지금 이렇게 이런 글을 쓰지 않았을지도 모른다. 그 사건 이후 15년 이상 방황하며 자살 충동에 시달렸지만, 지금은 상당히 안정되었다. 그러나 그때의 후유증은 여전히 남아 있다. 이렇게 〈벌새〉는 나에게 가장 고통스러운 일이 벌어졌던 해를 배경으로 하고 있다.

은희가 살고 있는 은마 아파트는 나에게 친숙한 곳이었다. 이모가 대치동에 오랫동안 살았기 때문에 나는 그 동네에 자주 놀러 갔었고 그때의 기억을 많이 갖고 있다. 은마 아파트에 살았던 지인의 아들이 강도에게 잔인하게 살해당한 일도 있었다. 나는 어린 시절 그 얘기를 듣고 공포에 사로잡혔으며 그때의 기억이 트라우마가 되어 문단속에 집착하는 버릇이 생겼고 지금까지도 그 버릇이 이어지고 있다.

주인공 '은희'의 이름도 나에게는 친숙했다. 나에게는 내 인생에 도움을 줬던 두 명의 은희(지인동생 은희, 친구 은희)가 있다. 은희의 멘토인 '영지' 선생님(김새벽)의 이름도 친숙하기는 마찬가지이다. 내가 초등학생 때 좋아했던 영지와 아직도 알고 지내는 영지 누나가 있다. 은희가 지숙(박서윤)과 함께 트램펄린 위에서 뛰어노는 장면도 강렬하게 다가왔다. 프랑스에 거주하며 한국에 자주 오가던 어머니의 후배가 귀국할 때면 만나곤 했던 그녀의 아들과 〈벌새〉에 나왔던 것과 정말 유사한 트램펄린에서 마구 뛰어놀았던 시간이 떠올랐기 때문이다.

이 영화에서 은희는 갑자기 생긴 혹을 떼러 병원에 입원하는데 그 장면을 보면서 1995년에 내가 원인을 알 수 없는 고열로 입원했던 때가 떠올랐다. 내 기억으로 입원한 당일 삼풍 백화점이 무너졌었다. 이 영화에서 은희의 '혹'은 성수대교가 붕괴하던 시대의 징후를 드러내는 은유적 장치라는 의견이 있는데 이 영화를 보면서 내가 원인을 알 수 없는 고열로 입원했던 것에 대해 나도 알게 모르게 시대의 공기에 짓눌렸었던 것은 아니었나 라는 생각을 처음 하게 되었다. 그리고 나는 성수대교 붕괴와 삼풍 백화점 붕괴라는 국가적인 재난 앞에서 은희와 어떤 동질감을 느꼈던 것 같다.

〈벌새〉를 보다가 어느 지점에서 에드워드 양의 걸작 〈고령가 소년 살인사건〉(1991)이 떠올랐다. 무의식적으로 한 인물이 가정과 학교 사이를 오가는 가운데 거대한 사회의 공기가 전달되는 방식의 유사성을 느꼈었던 것 같다. 어느 순간부터인지 은희가 여성임에도 불구하고 나는 은희에게 완전히 동화되었고 급기야 은희가 유리(설혜인)와 함께 노래방에 가서

'사랑은 유리 같은 것'을 부르는 순간에 나도 모르게 눈물을 흘렸다. 익숙한 멜로디와 가사가 은희의 목소리로 전달되는 가운데 눈물 한 방울이 흘러내리는 것을 느끼며 놀라지 않을 수 없었다. 그때 나는 직감할 수밖에 없었다. 이 영화는 나에게 정말 특별한 무엇이 될 것이라는 걸 말이다. 이때부터 나에게 있어서 〈벌새〉는 단순히 김보라 감독이 만든 창작물이 아니었다. 이것은 나를 위한 영화였다.

은희 가족의 모습은 과거의 우리 가족을 떠오르게 했다. 1994년 은희가 가족 안에서 느끼는 분위기는 같은 해에 우리 집의 분위기와 크게 다르지 않았다. 은희의 아빠(정인기)와 엄마(이승연)가 다투는 도중에 스탠드가 깨지는 장면에서는 과거 집에서 부모님이 싸울 때 들었던 소리가 그대로 내 귓가로 생생히 들려왔다. 그리고 그 장면에서 깨진 스탠드는 가족과 일상의 균열, 더 나아가 시대의 균열로 그리고 종국에는 성수대교의 붕괴로 이어진 것이 아닌가 하는 생각이 들었다. 1994년 그 시절의 나와 유사한 은희의 모습을 보면서 나는 그녀에게 빠져들 수밖에 없었다.

〈벌새〉가 나의 내면에 엄청난 파장을 일으킨 것은 이 영화가 나에게 있어서 단순히 영화가 아니라 마치 김보라 감독이 내 어린 시절을 몰래 촬영했고 그 결과물을 내가 뒤늦게 보고 있다는 기시감을 불러일으키는 하나의 현실로서 다가왔기 때문이다. 〈벌새〉는 나에게 내 어린 시절에 관한 다큐멘터리였다. 기본적으로 영화가 몰입의 메커니즘을 통해 작동하는 예술이라고 하더라도 내가 〈벌새〉를 과거에 경험한 나의 현실과 거의 일치한다고 느끼면서 밀착되는 단계는 은희와 내가 거의 물아일체가 되는 경지에 이르지 않고서는 불가능했을 것이다. 비유하자면 박찬욱의 〈헤어질 결심〉에서 해준(박해일)이 서래(탕웨이)를 망원경으로 훔쳐보다가 마치 해준이 서래의 옆에서 그녀를 보고 있는 것처럼 연출되었던 순간과 비슷한 수준이 되었다고나 할까. 픽션의 세계와 관객이 이렇게 밀착될 때는 간혹 문제가 발생하곤 한다.

그러나 나에게 있어서 〈벌새〉와의 밀착은 매우 긍정적으로 작용했으며 나의 내면을 변화시키는 기적을 가능케 했다. 이러한 밀착이 가능했던 이유 중의 하나로 이 영화에 등장하는 여러 명의 배우가 내가 이미 스크린에서 봤거나 평소에 실제로 알던 사람들이었다는 사실을 들 수 있을 것 같다. 대표적으로 은희의 엄마 역인 이승연 배우, 영지 역인 김새벽 배우를 비롯해 은희의 언니 수희 역인 박수연 배우, 문구점 주인 역인 이종윤 배우, 유리 역인 설혜인 배우, 영지의 엄마 역인 길해연 배우, 병원 환자 역인 안민영 배우, 의사 역인 김종구 배우까지 빼곡하게 내가 아는 사람들이 영화 속에 계속 등장했다. 그래서 영화를 보는 내내, 마치 현실에서 그 배우들을 만나는 것 같은 실감을 느끼며 은희와의 동일시가 깨지지 않을 수 있었던 것 같다.

〈벌새〉는 기본적으로 외로움과 고립감을 느끼던 은희가 인생의 멘토인 영지 선생님을 만나서 점점 삶의 주체로서 변화되어 가는 성장의 서사를 갖고 있다고 할 수 있다. 나는 이 영화를 처음 보던 2019년에도 내가 타인에게 이해받을 수 없는 존재라는 것을 느끼며 고립감과 외로움에 힘들어하고 있었다. 그러다 보니 은희와 완전히 동화된 채 영화를 보고 있던 나도 영화의 후반부로 갈수록 내가 잃어버렸던 자존감을 회복하고 있다고 스스로 느끼게 되었다. 이건 정말 전에는 느낄 수 없었던 신기하고 놀라운 경험이었다.

은희가 혹을 떼러 병원에 입원한 후 은희를 찾아온 영지 선생님과 은희가 만나는 장면이 있다. 이때 영지 선생님의 다음과 같은 대사가 나온다. "은희야, 너 이제 맞지 마. 누구라도 널 때리면 어떻게든 맞서 싸워. 절대로 가만히 있지 마. 알았지? 약속해." 영지 선생님이 이 말을 한 뒤에 그녀와 은희는 서로 손가락을 걸고 지장을 찍으면서 너무나 아름다운 미소를 주고받는데 그 순간 나에게 치유가 임했다. 나는 현실에서 영지 선생님과 같은 멘토를 만난 적이 없었으며 그렇게 서로를 존중하는 태도로 미소를 주고받은 일이 없었기 때문이다.

그 시퀀스 이후로 영지 선생님은 이 영화에서 퇴장한다. 그리고 은희는 병원에서 퇴원한 뒤에 대훈(손상연)이 그녀를 밀치는 상황이 벌어졌을 때 더 이상 가만히 있지 않고 대훈과 당당하게 맞선다. 은희의 심정이 되어 영화를 지켜봐 온 나로서는 그 모습이 너무 감동적일 수밖에 없었다. 지금 생각해보니 영지 선생님과 은희의 관계는 조지 루카스의 〈스타워즈〉에서 오비완 케노비와 루크 스카이워커의 관계를 방불케 하는 것 같다. 그러니까 은희는 영지 선생님과의 만남을 통해 비로소 광선검을 마구 휘두를 수 있는 존재가 되었다고나 할까.

영지 선생님을 통해 은희가 자존감을 회복하는 과정에서 나도 은희와 함께 회복되었다는 것만으로도 이미 나에게는 기적 같은 일이 벌어졌다고 할 수 있을 것이다. 그런데 이 영화는 거기에 그치지 않고 나에게 더 큰 기적을 선사했다. 이 지점이 나로서는 거의 불가사의한 일처럼 느껴진다. 결론부터 얘기하자면 〈벌새〉를 보기 전까지 나는 수십 년간 과거의 가정사로 인한 상처에서 벗어나지 못했는데 이 영화를 보고 난생처음 내가 가진 상처가 단순히 가족의 탓이 아니라는 깨달음을 얻게 되었다. 그러니까 나는 이 영화를 보면서 은희에게 완전히 동화되는 동시에 한편으로는 은희에게서 빠져나와 94년 당시에 내가 겪었던 가족 간의 일들을 객관적으로 바라보기 시작했다. 한 영화를 보면서 완벽하게 동화와 이화가 동시에 된다는 게 가능했다는 것 자체가 나에게는 여전히 미스터리이고 이 영화를 보기 전에도, 이 영화를 본 이후로도 이런 일은 벌어진 적이 없다. 그래서 내가 크리스천으로서 얘기하자면 〈벌새〉는 내게 인생의 어떤 시기에 하나님이 나와 필연적으로 만나게 하신 영화가 아닌가 하는 추측까지 하게 만들었다.

이 영화 속 은희와 그 가족의 삶을 보면서 나는 과거의 내 가족을 다시 만났다. 극 중에 은희의 아빠가 은희와 함께 병원에 갔다가 은희에게 혹을 제거하기 위한 수술이 필요한 걸 알고 갑자기 눈물을 흘린다거나, 은희의 엄마는 은희가 아무리 불러도 그 소리를 듣지 못하고 고독의 시간을 보낸다거나, 수희(박수연)가 다소 일탈적인 삶을 살지만, 은희가 그녀를 이해하고 가부장적인 억압 안에서 서로 연대하는 장면이 나온다. 이 장면들을 보면서 나는 은희의 가족과 내 가족을 대응시키며 과거의 내 삶을 재고하게 되었다.

각자가 각자의 사정안에서 삶을 버텼고 눈에 보였던 것들만이 진실이 아닐 수도 있겠다는 생각을 처음으로 하게 되었다. 요컨대 〈벌새〉를 통해 나는 난생처음 과거의 가족을 새롭게 이해하고 싶다는 마음을 갖게 된 것이다. 당시에 신앙적인 고민으로 힘들었던 걸 일정 부분 가족에게 전가한 측면도 있지 않았나 하는 생각도 하게 되었다. 그렇게 되자 나에게는 엄청난 변화가 일어나기 시작했다.

비유하자면 이렇다. 나는 가족과 함께 인생의 트랙을 돌고 있었는데 어느 순간 누군가에 의해 트랙에 주저앉게 되었다. 그런 가운데 가족은 나의 상황에 무관심한 것처럼 보였다. 나는 너무 억울해서 트랙에 주저앉아 수십 년간 울고만 있었다. 그런데 〈벌새〉를 본 이후로 각자가 삶을 버티는 사정이 있었기 때문에 내가 트랙에 쓰러진 이유를 가족 관계 안에서만 찾을 수 없다는 인식에 도달했고 그로 인해 나는 더 이상 트랙에 주저앉아있을 이유도 없어져 버렸다. 이미 상당히 늦었어도 살아가려면 트랙에서 다시 일어나 뛰어야만 했다.

어떻게 보면 사실 그리 특별해 보이지 않는 이런 종류의 깨달음은 진작 나에게 주어졌을 수도 있었을 것이다. 그런데 수십 년 동안 나에게 그런 깨달음은 없었다. 〈벌새〉가 마침내 과거의 가족과 나를 화해하게 만들고 내게 세상을 다시 보게 만든 것이다. 그래서 나는 2020년 2월 10일 내 생일부터 '한 살'이라고 선언하게 되었다. 다시 태어나서 새 삶을 살기로 마음먹은 것이다. 바로 이것이 〈벌새〉로 인해 나에게 일어난 기적이다.

신기하게도 2020년 내 생일에 새 삶을 다시 살기로 결심한 이후로 나에게는 이전에는 없었던 놀라운 일들이 셀 수도 없이 일어났고 여전히 그런 일들이 이어지고 있다. 내가 일했던 영화사시월 블로그에서 '빛결의 영화 이야기'를 연재했고 여러 독립 장단편 영화에 단역으로 출연했으며 매체에 영화와 관련된 글도 여러 편 실렸다. 내 이름으로 영화 토크 행사도 진행하고 있고 작년에는 나에게 의미가 깊은 단편을 연출했다. 2025년 2월 19일에는 내가 단역으로 출연한 장정혜 감독의 장편 〈몽유도원〉이 개봉하는 일까지 생겼다. 〈벌새〉를 통해 변화되기 전에는 상상도 하지 못했던 일들이다. 그리고 나는 예전 같으면 한 달 동안 누워있어야 할 상처를 받아도 일주일이면 다시 회복하고 일어설 수 있는 오뚜기 같은 근성이 생겼다. 이 또한 나에게는 실로 놀랄 만한 변화이다. 이 모든 일이 한 편의 영화와의 만남을 통해 일어났다고 한다면 당신은 믿으시겠는가. 아마도 믿기 힘들 것이다. 그러나 이건 사실이다. 현재의 내 삶이 그걸 입증하고 있다.

여전히 나는 다른 사람들과 비교하자면 영화 쪽으로 제대로 자리를 잡지도 못했고 어렵게 버티고 있는 건 맞다. 하지만 내가 한 발짝씩 나아가면서 미래를 꿈꿀 수 있는 것 자체가 이전에는 상상하지도 못했던 변화임은 틀림없다.

〈벌새〉의 마지막 장면으로 가보자. 비록 영지 선생님은 없지만, 그녀의 도움으로 회복된 은희는 들뜬 마음으로 친구들과 함께 수학여행에 갈 생각에 행복해 보인다. 이때 영지 선생님이 은희에게 쓴 편지 내용이 영지 선생님의 목소리를 통해 화면 위로 흐른다.

"어떻게 사는 것이 맞을까. 어느 날 알 것 같다가도, 정말 모르겠어. 다만 나쁜 일들이 닥치면서도, 기쁜 일들이 함께 한다는 것. 우리는 늘 누군가를 만나 무언가를 나눈다는 것. 세상은 참 신기하고 아름답다. 학원을 그만둬서 미안해. 방학 끝나면 연락할게. 그때 만나면, 모두 다 이야기해 줄게."

이 내레이션이 흐르는 가운데 마지막 쇼트로 이어진다. 마지막 쇼트에서 카메라 쪽을 스치듯 바라보면서 예전보다 한층 밝은 얼굴로 세상을 응시하는 듯한 은희의 모습을 결코 잊을 수 없다. 벌새는 수많은 날갯짓으로 날아다니는 작은 새이다. 은희도 벌새와 같이 수많은 날갯짓을 하면서 마침내 영화의 마지막에 도달했다. 나도 은희 덕분에 이제 다시 날 수 있게 되었다. 세상은 참 신기하고 아름답다. 비록 작은 걸음일지라도 한 걸음씩 전진하면서 일상의 사소한 것들 속에서 늘 감사하며 살아갈 것이다. 끝으로 902호에 살았던 나는 1002호에 살았던 은희에게 진심으로 감사의 말을 전하고 싶다. 그리고 은희를 꼭 안아주고 싶다. 이 순간 나도 모르게 눈물이 흐른다.

은희야, 정말 고마워.

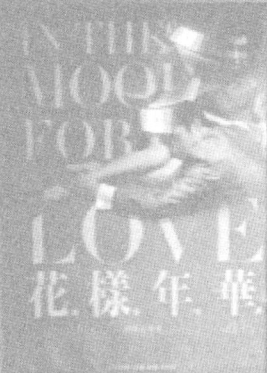
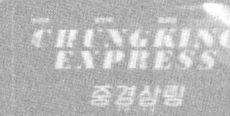
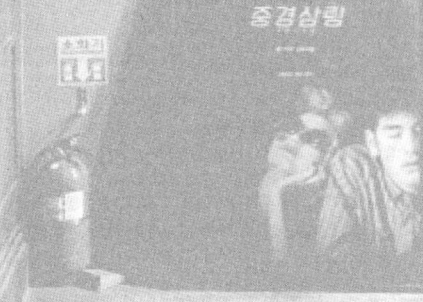

당신에게 다가가기 위해
걸어야 했던 기이한 길

    내 주변에서 스스로 시네필이라고 칭하는 사람을 별로 본 적이 없는 것 같아서 나 역시 스스로 시네필이라고 칭하는 것은 낯설고 어색하다. 솔직히 내가 시네필의 자격이 되는지도 잘 모르겠다. 다만 내가 지난 30여 년간 영화에 미쳐 살아온 것만은 분명하다.

    어린 시절에 봤던 영화 중 인상적으로 기억하는 작품들로는 이장호의 〈바보선언〉(1983), 이두용의 〈피막〉(1980) 등이 있다. 영화가 정말 재미있는 오락거리일 수 있다는 걸 처음 알게 해 준 영화는 단연 서울극장에서 본 스티븐 스필버그의 〈인디아나 존스〉(1984)였다. 이 영화는 나에게 영화에 대한 원초적 체험에 해당한다. 부모님이 영화를 좋아하셔서 가족끼리 밀로스 포먼의 〈아마데우스〉(1984), 베르나르도 베르톨루치의 〈마지막 황제〉, 베리 레빈슨의 〈레인 맨〉(1988) 등을 관람했었는데 지금까지도 매우 아름다운 기억으로 남아있다. 연례행사처럼 가족들이 모여 앉아서 TV에서 방영하는 아카데미 시

상식을 시청한 것도 매우 즐겁고 특별했다.

흥미롭게도 내가 지금과 같이 영화에 빠져 살게 된 건 칸국제영화제와 관련이 깊다. 1997년에 우연히 칸국제영화제 수상 소식을 들은 그날 이후로 그때까지 막연했던 영화와 나의 관계가 변화한 것만은 틀림없다. 나는 그때까지 관심을 두지 않았던 영화들을 찾아다니기 시작했다. 캐나다에서 어학연수를 할 때 구로사와 아키라의 〈라쇼몽〉(1950), 〈7인의 사무라이〉(1954), 페데리코 펠리니의 〈8과 1/2〉(1963), 잉마르 베리만의 〈산딸기〉(1957), 윌리엄 와일러의 〈우리 생애 최고의 해〉(1946)를 비디오테이프로 구입해서 보게 되었다. 그리고 이 영화들을 통해 영화에 새롭게 매료되면서 본격적으로 영화의 바다에 빠져들었다. 1997년에 본 코엔 형제의 〈파고〉를 통해 나는 처음으로 감독이라는 존재를 제대로 인식했고 그때부터 영화감독이 되고 싶다는 꿈을 꾸게 되었다.

말로만 듣던 세계영화사의 걸작들이 국내에 비디오테이프로 출시된 시기와 내가 영화에 빠져들게 된 시기가 절묘하게 맞아떨어진 것도 나에게는 큰 행운이었다. 오손 웰즈의 〈시민 케인〉을 비롯한 수많은 걸작을 비디오테이프로 볼 수 있었기 때문이다. 프랑수아 트뤼포의 〈피아니스트를 쏴라〉의 경우에 제목만으로도 영화가 너무 궁금해서 비디오테이프를 구입했던 기억이 아직도 생생하다. 1998년에는 이와이 슌지의 〈러브 레터〉(1995)를 보고 그의 다른 영화들이 궁금해서 문화학교 서울을 처음 방문했고 그때부터 이곳에서 수많은 영화를 보았다.

2000년대부터는 문화학교 서울과 서울시네마테크가 주축이 된 서울아트시네마에서 본격적으로 필름으로 영화를 보기 시작했다. 서울아트시네마와 필름포럼 그리고 한국영상자료원을 내 집처럼 드나들면서 거의 살다시피하며 거의 모든 상영작을 보았다. 그뿐만이 아니라 부산국제영화제, 광주국제영화제, 전주국제영화제 등 전국에서 열리는 영화제들에도 빠짐없이 참석했고 영화가 상영되는 곳이라면 어딜 가나 내가 있었다. 그 당시 나는 영화에 대한 매혹과 현실의 괴로움으로부터의 도피가 뒤섞이며 완전히 영화에 빠져들었다. 어쩌다 보니《씨네 21》,《필름 2.0》,《경향신문》등 영화잡지와 신문에 영화를 좋아하는 관객으로 소개된 적도 있다.

영화에 본격적으로 빠져들었던 초창기부터 현재까지 나는 영화평론가나 영화감독이 되기를 꿈꾸며 살아왔다. 내가 이런 꿈을 가지게 된 데에는 프랑스 누벨바그 감독들을 동경한 탓이 컸다. 장-뤽 고다르, 프랑수아 트뤼포를 비롯한 프랑스 누벨바그 감독들은 영화평론가로 시작해서 이후로 모두 영화감독이 되어 세계영화사에 큰 발자취를 남겼기 때문이다. 나에게 프랑스 누벨바그 감독들은 이상적인 본보기였고 나는 그들을 닮기를 소망했다. 나도 비평과 연출을 하면서 영화에 대해 더 알아가고 싶었다.

지금은 현실의 벽에 부딪히기도 했고 내가 이들을 본보기로 삼은 것이 시대착오적인 발상은 아니었는지 스스로 묻게 되지만 영화에 대한 나의 순수한 마음만은 변함없다.

영문학과를 졸업하고 영화를 더 공부하고 싶은 마음에 중앙대 첨단영상대학원 영화이론 석사 과정을 마쳤다. 〈로맨틱 코미디〉(2004)를 비롯해 몇 편의 단편영화를 연출했으며 양정호의 〈밀월도 가는 길〉(2012)과 김량의 〈바다로 가자〉(2020)에서 스태프로 일했다. 《키노 씨네필》에 닉네임인 '오신호'로 이창동의 〈버닝〉에 관한 글을 싣기도 했다. 앞으로 영화와 관련된 일을 계속할 수 있을지 불투명하지만 어떻게든 살아남아서 이 일을 계속하고 싶은 마음이다. 그러다 보니 요즘에는 예전에는 생각지 못했던 연기까지 하게 되었다. 평소 가까이 지내는 배우인 이혁으로부터 그의 첫 장편 연출작인 〈연안부두〉(2018)의 출연을 제의받았다. 예전에 뱀파이어 역으로 두 번 단편에 출연한 이후로 연기를 한 적이 없었던 나는 돌파구를 찾고 싶다는 마음이 들어서 고민 끝에 이 영화에 단역으로 출연했다. 이 영화는 KBS 독립영화관에서 방영되었고 이후로도 나는 이혁의 〈갯벌〉(2021)과 〈포기하지마〉(2021)에도 단역으로 출연했는데 두 영화는 모두 상당한 성과를 거두었다. 내가 단역으로 출연하고 시나리오 윤색 작업에 참여한 남승석의 〈감정교육〉(2020)은 방콕국제다큐영화제에서 수상했다.

장건재의 〈극장의 시간〉(가제, 2024)에 출연 제의를 받았을 때는 꿈만 같았다. 특히 장건재 감독은 내가 좋아하는 〈한여름의 판타지아〉(2014)의 감독이고 〈한국이 싫어서〉(2023)를 연출한 것을 비롯해 활발하게 활동하면서 탄탄한 입지를 구축하고 있는 중견 감독이기 때문이다. 〈극장의 시간〉에 출연 제의를 받고 영화를 망치게 될까 봐 두려워 망설이기도 했다. 하지만 이 작품이 나에게도 뜻깊은 '서울극장'에 대한 영화라서 출연을 결정했고 다행히 촬영을 잘 마칠 수 있었다. 나는 아직 연기 초년생이 맞지만 연기를 하면 할수록 더 잘해보고 싶다는 마음이 든다. 그래서 연기 워크숍에도 참여했고 현재도 연기를 배우고 있는 중이다. 앞으로 단역이라도 잘 소화할 수 있는 연기자가 되고 싶다.

나는 지금까지 몇 편의 단편영화를 만들었다. 물론 아쉬운 점이 많았다. 그런데 최근작 〈동재기나루터의 여름〉의 경우에는 이 영화가 본격적인 나의 연출작이 될 수 있을 거라는 생각이 들었다. 여전히 부족하지만, 영화 관계자를 비롯해 내가 신뢰하는 사람들로부터 이 영화에 대해 좋은 평가를 받아서 매우 놀랐고 기뻤기 때문이다. 다음 영화를 더 잘 만들어보고 싶다는 마음이 들었고 연출자로서 용기를 더 내보기로 했다. 이 영화는 온라인 단편영화제에서 수상했고 앞으로도 이 영화를 여러 영화제에 출품할 예정이다. 2023년부터 영화 토크 행사인 '극장에는 항상 상훈이 형이 있다'(이 제목은 유튜버 김시선의 책 『오늘의 시선』에서 가져왔다)를 필름포럼에서 진행하고 있다. 크리스천으로서 안드레이 타르코프스키의 〈희생〉 같은 영화를 본받아 생전에 좋은 기독교(적) 장편을 만들고 싶은 소망도 있다. 앞으로도 꾸준히 영화와 관련된 일들을 하면서 정진해나갈 생각이다.

지금까지 영화에 대한 열렬한 사랑만으로 버텨온 나는 여전히 험난하고 고된 여정을 이어가고 있지만, 이 여정의 끝에서 활짝 웃을 수 있기를 진심으로 소망한다.

《쿨투라》 2024년 10월호

영화와 감독들

영화(제작년도)/영문 /감독

400번의 구타(1959) / The 400 Blows / 프랑수아 트뤼포

7인의 사무라이(1954) / Seven Samurai / 구로사와 아키라

8과 1/2(1963) / 8½ / 페데리코 펠리니

감각의 제국(1976) / In the Realm of the Senses / 오시마 나기사

감독 존 포드(1971) / Directed by John Ford / 피터 보그다노비치

강원도의 힘(1998) / The Power of Kangwon Province / 홍상수

거기는 지금 몇시니?(2001) / What Time Is It There? / 차이밍량

거울(1975) / Mirror / 안드레이 타르코프스키

게임의 규칙(1939) / The Rules of the Game / 장 르누아르

고령가 소년 살인사건(1991) / A Brighter Summer Day / 에드워드 양

괴물(2006) / The Host / 봉준호

교사형(1968) / Death by Hanging / 오시마 나기사

극장의 시간(가제, 2024) / The Time of Theater / 장건재

글로리아(1980) / Gloria / 존 카사베츠

기생충(2019) / Parasite / 봉준호

꽁치의 맛(1962) / An Autumn Afternoon / 오즈 야스지로

나의 계곡은 푸르렀다(1941) / How Green Was My Valley / 존 포드

나탈리 그랑제(1972) / Nathalie Granger / 마르그리트 뒤라스

내 어머니의 모든 것(1999) / All About My Mother / 페드로 알모도바르

너의 얼굴(2018) / Your Face / 차이밍량

네 멋대로 해라(1960) / Breathless / 장-뤽 고다르

노란문: 세기말 시네필 다이어리(2023) / Yellow Door: '90s Lo-fi Film Club / 이혁래

노스텔지아(1983) / Nostalgia / 안드레이 타르코프스키

노스페라투(1922) / Nosferatu: A Symphony of Horror / 프리드리히 빌헬름 무르나우

노트북(2004) / The Notebook / 닉 카사베츠

녹색 광선(1986) / The Green Ray / 에릭 로메르

누벨바그(1990) / New Wave / 장-뤽 고다르

닥터 스트레인지러브(1964) / Dr. Strangelove: How I Learned to Stop Worrying and Love the Bomb / 스탠리 큐브릭

더 울프 오브 월스트리트(2013) / The Wolf of Wall Street / 마틴 스콜세지

도쿄전쟁전후비화(1970) / The Man Who Left His Will on Film / 오시마 나기사

동경 이야기(1953) / Tokyo Story / 오즈 야스지로

드라이브 마이 카(2021) / Drive My Car / 하마구치 류스케

떠돌이 개(2013) / Stray Dogs / 차이밍량

또 다른 여인(1988) / Another Woman / 우디 알렌

라쇼몽(1950) / Rashomon / 구로사와 아키라

라이언 일병 구하기(1998) / Saving Private Ryan / 스티븐 스필버그

러브 달바(2022) / Love According to Dalva / 엠마누엘 니코

러브레터(1995) / Love Letter / 이와이 슌지

레디 플레이어 원(2018) / Ready Player One / 스티븐 스필버그

레오파드(1963) / The Leopard / 루키노 비스콘티

레인 맨(1988) / Rain Man / 배리 레빈슨

로코와 그의 형제들(1960)/ Rocco and His Brothers / 루키노 비스콘티

류이치 사카모토: 코다(2017) / Ryuichi Sakamoto: Coda / 스티븐 쉬블

리버티 밸런스를 쏜 사나이(1962) / The Man Who Shot Liberty Valance / 존 포드

리틀 드러머 걸(2018) / The Little Drummer Girl / 박찬욱

마라톤 맨(1976) / Marathon Man / 존 슐레진저

마지막 황제(1987) / The Last Emperor / 베르나르도 베르톨루치

매그놀리아(1999) / Magnolia / 폴 토마스 앤더슨

머니볼(2011) / Moneyball / 베넷 밀러

멀홀랜드 드라이브(2001) / Mullholand Drive / 데이빗 린치

메트로폴리스(1927) / Metropolis / 프리츠 랑

몽유도원(2025) / Utopia / 장정혜

무방비 도시(1945) / Rome, Open City / 로베르토 로셀리니

미나리(2020) / Minari / 정이삭

미스터 클라인(1976) / Mr. Klein / 조셉 로지

미스틱 리버(2003) / Mystic River / 클린트 이스트우드

미시시피의 인어(1969) / Mississippi Mermaid / 프랑수아 트뤼포

미지와의 조우(1977) / Close Encounters of the Third Kind / 스티븐 스필버그

미치광이 피에로(1965) / Pierrot the Fool / 장-뤽 고다르

밀레니엄 맘보(2001) / Millennium Mambo / 허우 샤오시엔

밀리언 달러 베이비(2004) / Million Dollar Baby / 클린트 이스트우드

밀월도 가는 길(2011) / Mirage / 양정호

바다로 가자(2018) / Forbidden Fatherland / 김량

바보선언(1983) / Declaration of Fools / 이장호

백주의 살인마(1966) / Violence at Noon / 오시마 나기사

버닝(2018) / Burning / 이창동

번개(1952) / Lightning / 나루세 미키오

벌새(2018) / House of Hummingbird / 김보라

베니스에서의 죽음(1971) / Death in Venice / 루키노 비스콘티

별난 인연(1971) / Minnie and Moskowitz / 존 카사베츠

부운(1955) / Floating Clouds / 나루세 미키오

분노의 주먹(1980) / Raging Bull / 마틴 스콜세지

뷰티풀 마인드(2001) / A Beautiful Mind / 론 하워드

브로큰 잉글리쉬(2007) / Broken English / 조 R. 카사베츠

비열한 거리(1973) / Mean Streets / 마틴 스콜세지

비정성시(1989) / A City of Sadness / 허우 샤오시엔

빵소니(1966) / Moment of Terror / 나루세 미키오

뼈(1997) / Bones / 페드로 코스타

사무라이(1967) / The Samurai / 장 피에르 멜빌

사느냐 죽느냐(1942) / To Be or Not To Be / 에른스트 루비치

사랑과 희망의 거리(1959) / A Town of Love and Hope / 오시마 나기사

사랑의 행로(1984) / Love Streams / 존 카사베츠

산딸기(1957) / Wild Strawberries / 잉마르 베리만

산의 소리(1954) / Sound of the Mountain / 나루세 미키오

생활의 발견(2002) / On the Occasion of Remembering the Turning Gate / 홍상수

석양의 갱들(1971) / A Fistful of Dynamite / 세르지오 레오네

석양의 건맨(1965) / For a Few Dollars More / 세르지오 레오네

세르지오 레오네:미국을 발명한 이탈리아인(2022) / Sergio Leone:The Man Who Invented
America / 프란체스코 지펠

소년(1969) / Boy / 오시마 나기사

소매치기(1959) / Pickpocket / 로베르 브레송

소울(2020) / Soul / 피트 닥터

솔라리스(1972) / Solaris / 안드레이 타르코프스키

수색자(1956) / The Searchers / 존 포드

수영장(1969) / The Swimming Pool / 자크 드레이

수치의 거리(1956) / Street of Shame / 미조구치 겐지

스타워즈(1977) / Star Wars / 조지 루카스

스톰 인사이드(2015) / A Stormy Summer Night / 파브리스 카모인

스트레이트 스토리(1999) / The Straight Story / 데이빗 린치

스트롬볼리(1950) / Stromboli / 로베르토 로셀리니

슬픔이여 안녕(1958) / Bonjour Tristesse / 오토 플레밍거

시계태엽 오렌지(1971) / A Clockwork Orange / 스탠리 큐브릭

시네마 천국(1988) / Cinema Paradiso / 쥬세페 토르나토레

시민 케인(1941) / Citizen Kane / 오손 웰즈

싸이코(1960) / Psycho / 앨프레드 히치콕

아가씨(2016) / The Handmaiden / 박찬욱

아내의 마음(1956) / A Wife's Heart / 나루세 미키오

아마데우스(1984) / Amadeus / 밀로스 포먼

아무것도 바꾸지 마라(2009) / Change Nothing / 페드로 코스타

아비정전(1990) / Days of Being Wild / 왕가위

아직 끝나지 않았다(2017) / Costody / 자비에 르그랑

악의 손길(1958) / Touch of Evil / 오손 웰즈

안개 속의 풍경(1988) / Landscape in the Mist / 테오 앙겔로풀로스

안개(1967) / Mist / 김수용

안녕, 용문객잔(2003) / Goodbye, Dragon Inn / 차이밍량

안녕, 티라노: 영원히, 함께(2018) / My Tyrano: Together, Forever / 시즈노 코분

암흑가의 세 사람(1970) / The Red Circle / 장 피에르 멜빌

애정만세(1994) / Vive L'Amour / 차이밍량

애정의 조건(1983) / Terms of Endearment / 제임스 L브룩스

양철북(1979) / The Tin Drum / 폴커 쉴렌도르프

어느 시골 사제의 일기(1951) / Diary of a Country Priest / 로베르 브레송

얼굴들(1968) / Faces / 존 카사베츠

에드우드(1994) / Ed Wood / 팀 버튼
여자 안의 타인(1966) / The Stranger Within a Woman / 나루세 미키오
여자가 다가올 때(1957) / Send a Woman When the Devil Fails / 이브 알레그레
역마차(1939) / Stagecoach / 존 포드
열락(1965) / The Pleasures of the Flesh / 오시마 나기사
열정의 제국(1978) / Empire of Passion / 오시마 나기사
열차의 이방인(1951) / Strangers on a Train / 앨프레드 히치콕
영향 아래 있는 여자(1974) / A Woman Under the Influence / 존 카사베츠
옛날 옛적 서부에서(1968) / Once Upon a Time in the West / 세르지오 레오네
오! 수정(2000) / Virgin Stripped Bare by Her Bachelors / 홍상수
오프닝 나이트(1977) / Opening Night / 존 카사베츠
올드보이(2003) / Oldboy / 박찬욱
외침과 속삭임(1972) / Cries and Whispers / 잉마르 베리만
용문객잔(1967) / Dragon Inn / 호금전
우나기(1997) / The Eel / 이마무라 쇼헤이
우리 생애 최고의 해(1946) / The Best Years of Our Lives / 윌리엄 와일러
우주 전쟁(2005) / War of the Worlds / 스티븐 스필버그
운디네(2020) / Undine / 크리스티안 페촐트
원스 어폰 어 타임 인 아메리카(1984) / Once Upon a Time in America / 세르지오 레오네
웨스트 사이드 스토리(2021) / West Side Story / 스티븐 스필버그
위플래쉬(2014) / Whiplash / 데이미언 셔젤
의식(1971) / The Ceremony / 오시마 나기사
의혹의 그림자(1943) / Shadow of a Doubt / 앨프레드 히치콕
이반의 어린 시절(1962) / Ivan's Childhood / 안드레이 타르코프스키
이창(1954) / Rear Window / 앨프레드 히치콕
이티(1982) / E.T. the Extra-Terrestrial / 스티븐 스필버그
인디아 송(1975) / India Song / 마르그리트 뒤라스
인디아나 존스(1984) / Indiana Jones and the Temple of Doom / 스티븐 스필버그
인랜드 엠파이어(2006) / Inland Empire / 데이빗 린치
인셉션(2010) / Inception / 크리스토퍼 놀란
일본의 밤과 안개(1960) / Night and Fog in Japan / 오시마 나기사
일본춘가고(1967) / Sing a Song of Sex / 오시마 나기사

일식(1962) / L'Eclisse / 미켈란젤로 안토니오니

자브리스키 포인트(1970) / Zabriskie Point / 미켈란젤로 안토니오니

전장의 크리스마스(1983) / Merry Christmas, Mr.Lawrence / 오시마 나기사

전함 포템킨(1925) / Battleship Potemkin / 세르게이 에이젠슈타인

제5단계(1997) / Level Five / 크리스 마르케

죠스(1975) / Jaws / 스티븐 스필버그

중경삼림(1994) / Chungking Express / 왕가위

쥬라기 공원(1993) / Jurassic Park / 스티븐 스필버그

지상 최대의 쇼(1952) / The Greatest Show on Earth / 세실 B. 드밀

지상의 밤(1991) / Night on Earth / 짐 자무쉬

찬실이는 복도 많지(2019) / Lucky Chan-sil / 김초희

천국보다 낯선(1984) / Stranger than Paradise / 짐 자무쉬

천국의 문(1980) / Heaven's Gate / 마이클 치미노

청춘 잔혹 이야기(1960) / Cruel Story of Youth / 오시마 나기사

체리 향기(1997) / Taste of Cherry / 압바스 키아로스타미

충녀(1972) / Insect Woman / 김기영

친절한 금자씨(2005) / Lady Vengeance / 박찬욱

카페 뤼미에르(2003) / Café Lumière / 허우 샤오시엔

캐리(1976) / Carrie / 브라이언 드 팔마

캘리포니아 돌스(1981) / ...All the Marbles / 로버트 알드리치

커다란 희망(1988) / High Hopes / 마이크 리

컬러 퍼플(1985) / The Color Purple / 스티븐 스필버그

키리시마가 동아리활동 그만둔대(2012) / The Kirishima Thing / 요시다 다이하치

태양은 가득히(1960) / Purple Noon / 르네 클레망

태양은 밝게 빛난다(1952) / The Sun Shines Bright / 존 포드

태양의 묘지(1960) / The Sun's Burial / 오시마 나기사

택시 드라이버(1976) / Taxi Driver / 마틴 스콜세지

테오레마(1968) / Teorema / 피에르 파올로 파졸리니

토니 타키타니(2004) / Tony Takitani / 이치카와 준

트윈 픽스(1992) / Twin Peaks: Fire Walk with Me / 데이빗 린치

파고(1996) / Fargo / 코엔 형제

파벨만스(2022) / The Fabelmans / 스티븐 스필버그

폭스캐처(2014) / Foxcatcher / 베넷 밀러

피(1989) / Blood / 페드로 코스타

피막(1980) / The Hut / 이두용

피아니스트를 쏴라(1960) / Shoot The Piano Player / 프랑수아 트뤼포

하녀(2010) / The Housemaid / 임상수

하류(1997) / The River / 차이밍량

한국이 싫어서(2023) / Because I Hate Korea / 장건재

한여름의 판타지아(2014) / A Midsummer's Fantasia / 장건재

해피 투게더(1997) / Happy Together / 왕가위

행진하는 청춘(2006) / Colossal Youth / 페드로 코스타

헤어질 결심(2022) / Decision to Leave / 박찬욱

헤이트풀8(2015) / The Hateful Eight / 쿠엔틴 타란티노

현기증(1958) / Vertigo / 앨프레드 히치콕

협녀(1971) / A Touch of Zen / 호금전

형사(1972) / A Cop / 장 피에르 멜빌

호스 머니(2014) / Horse Money / 페드로 코스타

화녀(1971) / Woman of Fire / 김기영

화니와 알렉산더(1982) / Fanny and Alexander / 잉마르 베리만

화분(1972) / The Pollen of Flowers / 하길종

화양연화(2000) / In the Mood for Love / 왕가위

화해불가(1965) / Not Reconciled / 장 마리 스트라우브

흐르다(1956) / Flowing / 나루세 미키오

흐트러지다(1964) / Yearning / 나루세 미키오

흐트러진 구름(1967) / Scatterd Clouds / 나루세 미키오

희생(1986) / The Sacrifice / 안드레이 타르코프스키

히치콕 트뤼포(2015) / Hitchcock Truffaut / 켄트 존스